Hans Werner Flesch

Nur ernstgemeinte Zuschriften erbeten

Ehe, Freundschaft und Sex in Inseraten

Erb Verlag

Umschlagentwurf: Zembsch' Werkstatt, München
Layout: Gerhard Wardin
Gesamtherstellung: Gebr. Tönnes Düsseldorf
Printed in Germany 1982
ISBN 3-88458-035-3

CIP-Kurztitelaufnahme der Deutschen Bibliothek

Flesch, Hans Werner:
Nur ernstgemeinte Zuschriften erbeten :
Ehe, Freundschaft u. Sex in Inseraten
Hans Werner Flesch. — Düsseldorf : Erb, 1982.
ISBN 3-88458-035-3

INHALT

Vorwort

Die Partnersuche ist ein Thema, das die Gemüter schon immer bewegt hat. Mit Hilfe des Inserates kann man ganz anonym und doch in der breitesten Öffentlichkeit ein paar Hunderttausend zugleich fragen: »Hallo, ist da jemand, der mich haben will?«

»Auf diesem ungewöhnlichen Wege«, so begannen diese Texte früher, als es sich fast ausnahmslos noch um Heiratsanzeigen handelte. Heute werden auf diesem Wege auch Partner für »nur einen Sommer lang«, für den Urlaub oder vielleicht auch bloß für ein Wochenende gesucht.

Heirats- und Partnerschaftsanzeigen sind für den aufmerksamen Leser wahre Fundgruben. Hier portraitieren sich Menschen selbst. Für dieses Buch wurde eine große Zahl von Inseraten gesammelt und ausgewertet. Dabei wurde versucht, nicht nur Exzentrisches und Ausgefallenes aufzuspüren, sondern auch dem Typischen, den immer wiederkehrenden Mustern nachzugehen. Es lag nahe, auch statistische Methoden anzuwenden. Das Ergebnis kann zuweilen ebenso erheitern wie nachdenklich stimmen.

Panorama der Wünsche

Die Heiratsanzeige in deutschen Zeitungen ist annähernd 200 Jahre alt. Sie hatte gelegentlich den Umfang ausgewachsener Zeitungsartikel. Anzeigenpreise im heutigen Sinne, nach Millimeterhöhe und Spaltenbreite berechnet, gab es in der Frühzeit der Heiratsanzeige noch nicht. Sonst hätten die Inserenten für die Veröffentlichung ihrer Herzenswünsche riesige Summen zahlen müssen.

Den Rekord halten die Engländer. Vor 287 Jahren, genau am 19. Juli 1695, erschienen dort die ersten Partnersuchanzeigen in dem Journal »Collection for the Improvement of Husbandry and Trade«. Im Zeitungsland England hatte man schon früh erkannt, daß Zeitungen aller Art sich nicht nur über den Verkaufspreis finanzieren lassen, sondern vor allem auch über das Geschäft mit Anzeigen. Trotzdem bedeutete es eine Sensation, ganz intime Wünsche mit Hilfe einer Zeitungsanzeige in die Öffentlichkeit zu tragen. Die Leser wollten zuerst überhaupt nicht glauben, daß dies echte Suchanzeigen seien. Es sollte noch lange dauern, bis man sich daran gewöhnt hatte — nicht nur in England, wo es im Jahre 1769 einer Dame gelang, auf ihre Heiratsanzeige sage und schreibe 279 Zuschriften zu erhalten: ein Traumergebnis, das sich auch heute noch sehen lassen könnte. Damals aber amüsierte man sich über so etwas.

Heute sind Partneranzeigen aus den Wochenendausgaben unserer großen Zeitungen nicht mehr wegzudenken. Sie füllen ganze Seiten. Und niemand nimmt mehr Anstoß daran, daß es sie gibt. Geblieben aber ist das Vergnügen, sie zu lesen — nicht nur für die Mitmenschen, die nicht abgeneigt sind, auf solche Anzeigen Briefe zu schreiben und Kontakte aufzunehmen, sondern auch für eine große Zahl der anderen Leser, die selbst gar keinen Partner suchen. Heiratsanzeigen zu lesen bereitet vielen ein ausgesprochenes Vergnügen. Diese Lektüre ist so etwas wie ein Spaziergang durch den Garten der Wünsche und Sehnsüchte unserer

Zeitgenossen, und ein höchst unterhaltsamer dazu. Auch die Schadenfreude kommt zu ihrem Recht. Wer amüsiert sich nicht, wenn etwa eine Dame ganz schlicht einen »gutaussehenden, intelligenten Millionär« sucht! Wer sich mit seinen ganz privaten Wünschen in die Öffentlichkeit wagt, ist der Neugier unzähliger Zeitungsleser ausgesetzt, gelegentlich freilich auch ihrer Spottlust, und oft genug wohl auch nachdenklicher Verwunderung. Da der Inserent für den Leser anonym bleibt, tut's ihm nicht weh.

Und für die Auftraggeber von Heiratsanzeigen gilt wie für jeden Markt schließlich das Gesetz von Angebot und Nachfrage. Gewogen werden letztlich Erwartungen und Hoffnungen auf beiden Seiten. Enttäuschungen bleiben nicht aus. Das liegt nicht daran, daß sich auf eine halbwegs interessant formulierte Anzeige keine Antwortpost einfände. Die kommt gewiß. Aber wie es im Leben nun einmal ist: der Mensch, der wirklich zu mir paßt, läuft mir nicht so schnell über den Weg. Auch nicht per Post. Das ist das ganze Problem.

Man darf als sicher annehmen, daß die Heiratsanzeigen in der Skala der beliebtesten Lesestoffe in den großen Zeitungen und Zeitschriften ganz vorne stehen. Doch die wenigsten Leser dieser Anzeigen treten aktiv in die Kommunikation mit einem sich anpreisenden Partner ein.

Welchen Erfolg also haben Heiratsanzeigen? Es gibt keine zuverlässige Statistik darüber. Wer Heiratsanzeigen aufgibt und wer auf sie antwortet, der spricht in der Regel nicht gerne darüber. Wer möchte schon zugeben, daß er einen Partner nicht anders als über ein Inserat zu finden glaubt?

Die Anzeigenabteilungen der großen Zeitungen haben wenig stichhaltiges Material über den Erfolg ihres Blattes auf dem Markt der Partnersuche. Eine große Zeitung im Rheinland erhielt allerdings einmal ganz unverlangt so etwas wie einen Erfolgsbericht anläßlich eines Falles, der am Schluß anscheinend in eine Love-Story einmündete. Da die Anzeigenabteilung dieser Zeitung eine originell formulierte Anzeige einer partnersuchenden 50jährigen Frau zunächst unter die Heiratsinserate nicht aufnehmen wollte, weil der Text eher zu einem Stellengesuch zu gehören schien, wollte die Inserentin, die hartnäckig auf ihrem Auftrag bestanden hatte, der Zeitung den Beweis liefern, daß auch in diesem Fall Originalität zum Ziele führt. Zunächst der Text der Anzeige:

»Fröhliche Fünfzigerin, bisher Hausfrau
und Mutter, fristlos gekündigt, sucht
neuen Wirkungskreis. Erbitte Antwort unter . . .«

»Nachdem ich vorher auf drei schlicht formulierte Anzeigen nur eine einzige Antwort bekommen hatte — es war die eines seltsamen Herrn, der in gestelztem Deutsch gleich wissen wollte, ob ich seine ›körperliche Vitalität auch erotisch zu erwidern‹ bereit sei —, wollte ich es jetzt einmal anders versuchen«, schrieb die Frau in einem Brief an die Zeitung. »Der Erfolg hat mir recht gegeben. Ich bekam über 20 Zuschriften, darunter sogar die eines 70jährigen Rennstallbesitzers, der ›Einheirat oder Wohngemeinschaft‹ anbot. Vier dieser Zuschriften haben mir besonders gut gefallen. Es waren die folgenden:

›Sehr geehrte Dame! Humor ist, wenn man trotzdem lacht; daher gefällt mir Ihre Anzeige. Die Situation ist nicht klar übersichtlich, aber meine ist es ebensowenig. Auch ich bin ein Fünfziger, mit zwei Töchtern, 17 und 15 Jahre (man kann mit ihnen Pferde stehlen), großem Grundstück und einer Frau, die da ist und doch nicht da ist. Lohnt sich für Sie eine Antwort?‹

›Sehr geehrte Dame, da auch ich fristlos gekündigt bin, besteht vielleicht die Möglichkeit, die Zeit der Arbeitslosigkeit gemeinsam, auch mit schönen Dingen zu verbringen. Würde mich über über Ihren Anruf nach 18 Uhr sehr freuen. Meine Tel.-Nr. ist . . . . . . Weiteres dann mündlich? Halt! Doch noch einiges über meine Person: 51 Jahre, 1,80 groß, selbständiger Kaufmann und motorisiert. . .‹

›Sehr verehrte gnädige Frau! Ihr ansprechendes Inserat veranlaßt mich zu antworten. Wenn Sie — wie Sie angeben — fristlos gekündigt sind: Ich stelle Sie ein, sofern das Einstellungsgespräch zufriedenstellend verläuft. Ich: Jahrgang 22, 1,73 m, gesch., akadem. vorgebildeter Verw.-Ang., Nichtraucher, nichtmotorisiert (Führerschein vorhanden), liebe die Natur, Literatur, Musik, kultivierte Häuslichkeit, ein nettes Gespräch. Wunsch: eine liebe, anpassungsbereite, nicht ortsgebundene Partnerin, die keine Versorgungsehe, sondern die personale Beziehung sucht, der das Wort ›Treue bis zum Tode‹ nicht nur eine leere Floskel ist. Dem Leben einer solchen Gefährtin möchte ich — sehr vereinsamt und schwer enttäuscht — Liebe und Wärme, Erfüllung und Entfaltung schenken. Über eine liebe Antwort würde ich mich sehr freuen . . .‹

›Sehr geehrte Frau! Ich habe Ihre Anzeige gelesen. Warum wurde diese Kündigung ausgesprochen? Arbeitsmangel? In meinem ›Betrieb‹ sucht man noch weibliche Kräfte, auch in Ihrem Alter. Sie sind noch zu jung zur Rentnerin. Vielleicht kann ich etwas zu Ihren Gunsten machen. Im übrigen möchte ich gerne eine liebe, saubere Frau Ihres Alters kennenlernen. Vielleicht sind Sie an einer Verbindung interessiert. Man könnte sich treffen und alles besprechen. Ich bin alleinstehend, 60 Jahre alt, 1,72 groß, dunkel. Ich freue mich auf ein Lebenszeichen . . .‹

Ich hatte mir vorgenommen«, heißt es weiter in dem Brief der ›fröhlichen Fünfzigerin‹ an ihre Zeitung, »mit jedem dieser netten Herren in Kontakt zu treten. Aber ich wollte nicht allen gleichzeitig schreiben. Einer der vier Herren mußte der erste sein. Welcher es war, dürfen Sie raten. Wir trafen uns, und Sie werden es nicht glauben, alle anderen Briefe wurden überflüssig.

Es war Zuneigung auf den ersten Blick. Nächste Woche gehen wir zum Standesamt, um das Aufgebot zu bestellen. Sie dürfen sich mit mir freuen.

Ihre Gisela B.«

Bescheidenheit ist eine Zier . . .

Wenn es nur grundehrliche und bescheidene Menschen gäbe und wenn alle, die Heiratsanzeigen aufgeben, schlichte Worte benutzten, um ihr Anliegen vorzubringen — die Lektüre wäre, zugegeben, nur halb so amüsant.

Bescheidene Mitmenschen sind unter den Inserenten des Partnermarktes offenbar jedoch in der Minderheit. Ein Arbeiter, 43 Jahre alt, der eine Freundin sucht, sagt von sich: »Bin ruhiger Typ, gehe gern spazieren, bergwandern und schwimmen. Bin aber auch abends gern zu Hause.« Man hat eine realistische Vorstellung von dem Mann.

Eine Studienrätin, Anfang 40, sportlich, vollschlank, mit Haus und Garten, sucht einen Mann, von dem sie neben dem angemessenen Alter ›nur‹ Niveau, Herz und Charakter erwartet. Ob aber solche Bescheidenheit der Selbstdarstellung zum Erfolg führt, darf füglich bezweifelt werden.

»Charmant, attraktiv . . .«

Im persönlichen Umgang gehört es zum guten Stil, Komplimente abzuwehren, auch wenn es insgeheim schmeichelt, sie zu hören. Für Heiratsanzeigen sind Komplimente jedoch ein fast unentbehrliches Stilmittel. Denn was da an Wunschbildern gezeichnet wird, was an guten Eigenschaften sich selbst attestiert wird: das übersteigt oft das dreisteste Kompliment. In den meisten Fällen wird so bedenkenlos übertrieben, daß jeder, der diese

Sprache in den persönlichen Umgang übernehmen wollte, auf dem Parkett des gesellschaftlichen Umgangs ausrutschen müßte.

Ein geringer Prozentsatz aller Heiratsanzeigen spricht ›gut deutsch‹. Die meisten bedienen sich eines eingefahrenen Jargons und ähneln sich deshalb auf fatale Weise. Glücklicherweise sind die Menschen sich nicht so ähnlich, wie sie sich in den meisten Annoncen beschreiben. Sonst wäre die Welt langweilig.

Müßte ein jeder der Inserenten eine Heiratsanzeige ohne jedes Vorbild aufgeben, sozusagen den Typus der Heiratsanzeige für sich allein erfinden, käme bestimmt eine Unmenge aufschlußreicher, informativer Anzeigen zustande. Aber kaum jemand, der selbst inseriert, hat nicht vorher gründlich diese Anzeigenwelt studiert, man paßt sich an, die Formulierungen geraten schematisch. Vor lauter ›gutaussehend‹, ›attraktiv‹ und ähnlichem kann man kaum noch individuelle Momente unterscheiden. Doch gerade den Menschen, der genau zu ihm passen kann, will ja der Leser von Heiratsanzeigen herausfinden. Was muß er tun? Auf gut Glück auf ein Dutzend ähnlich lautender Anzeigen schreiben? Oder sich die um Individualität bemühten Texte herausgreifen und nur unter ihnen seine Auswahl treffen? Er könnte auch dabei an den falschen Gesprächspartner geraten, denn nicht jeder, der sich bewußt außerhalb der Konventionen stellt, möchte ein idealer Ehepartner für den Suchenden sein.

Eines ist sicher: die Sprache der Heiratsanzeigen ist die Sprache des Zeitgeistes. Noch im Sprach-Klischee dokumentieren sich die Trends. Man will zeigen, daß man up to date ist — oder andererseits, daß man Persönlichkeit genug ist, gegen den Strom schwimmen zu können.

Die neue Weiblichkeit

Feministin Alice Schwarzer, die vor einiger Zeit noch enttäuscht einen Rückschlag für ihre Bemühungen zugab (»Eine neue

Weiblichkeit hat sich breitgemacht, die die Frauen wieder fesselt«), könnte manche Heiratsanzeige zum Beleg ihres Eingeständnisses vorzeigen. Nicht nur, daß ihr Heiratsanzeigen sowieso ein Dorn im Auge sind, heißt es dazu noch in der fett gedruckten Überschrift einer zweispaltigen Anzeige provozierend, aber die Männer anlockend: »Vorwiegend Weib.« Wie muß das auf eine Feministin wirken! Erst dann kommt das gesellschaftlich Relevante, kommen andere Eigenschaften, Kenntnisse, Fähigkeiten. Eine Weiblichkeit meldet sich zu Wort, die keineswegs neu ist, sondern seit Menschengedenken lockt. Genauer: seit Evas Zeiten.

»Vorwiegend Weib« heißt aber bei der Betonung des ersten Wortes, daß es bei der Inserentin noch anderes gibt als biologische Fakten und ein von diesen durchdrungenes Wesen. Sie schreibt außerdem, daß sie auch eine »Dame« sei, also ein kultiviertes Weib mit Manieren. Sie gibt sich als »parkettsicher« aus, ist, glaubt man ihrem Selbstportrait aus Worten, temperamentvoll-impulsiv und sensibel, und natürlich gerät ihr auch das Wortklischee »sportlich-elegant« in die Zeilen des Anzeigentextes. Das »sinnenbewußt« glaubt man ihr schon eher, und sie will Geborgenheit geben (»immer verläßliches Zuhause wäre ich«). Warum sie einmal damit gescheitert ist, sagt sie nicht, deutet nur indirekt an, daß es die zweite Ehe für sie wäre. Wen sucht sie? Den Adam, natürlich, den Mann, der traditionell führen, leiten kann, aber loyal ist und zärtlich bis zupackend. Also ›vorwiegend Mann‹ . . .

Die Inserentin ist 40 Jahre alt, bezeichnet sich als Mensch »ohne Objekt-Ängste und Emanzipationsmanie«. Wie lange hat sie anders gelebt, bevor sie so präzise wußte, wie sie sich ihr weiteres Leben vorstellt: vorwiegend weiblich, mit einem loyalen und zärtlichen Mann, der nicht unbedingt Deutscher sein muß, denn sie kann auch Englisch und Französisch, im Anzeigentext weist sie sich als dreisprachig aus.

Mehrsprachig ist ebenfalls eine 28jährige vermögende Witwe,

die ihre »Weiblichkeit« auch äußerlich demonstriert: sie sei zwar schlank, sagt sie, aber auch »sehr vollbusig«. Ihre eigene Impulsivität verschweigt sie diskret, nennt sich nur »zärtlich« und placiert das Schlüsselwort für ihr Glück, das sie bei einem kultivierten, anspruchsvollen Herrn sucht, unter die bei ihm erwarteten Eigenschaften: »vital« vor allem muß er sein. Vielleicht ist es auch ein klein wenig übertrieben, das Schlanke, das Vollbusige? Aber es kann die Phantasie anregen.

Wer sich mit Psychoanalyse berufsmäßig beschäftigt, kommt gar nicht daran vorbei, all die bohrenden Fragen, die sich dort stellen, auch auf seine eigene Psyche einwirken zu lassen. Das ist ein Lernprozeß, sonst wird man niemals ein guter Psychotherapeut, ein guter Seelendoktor. Das kann aber auch zu Zwangshandlungen führen, die eigene Seele wird zum endlosen Problem, und man verliert jede Orientierung. So mag es einer 38jährigen Österreicherin ergangen sein, die sich in ihrer Heiratsanzeige als Psychoanalytikerin zu erkennen gibt (im übrigen: relativ hübsch und sportlich, 1,74 groß, sagt sie von sich selbst). Dennoch hat sie wohl die Kehrtwendung geschafft, Zwangshandlungen finden nicht mehr so wie früher statt, und sie bekennt, daß sie jetzt »einigermaßen mit sich versöhnt« sei. Als Folge davon scheint sie ihre Weiblichkeit wiederentdeckt zu haben. Das Eigenschaftswort »weiblich«, mit dem die Österreicherin sich charakterisiert, steht unmittelbar hinter der erlösenden Mitteilung, sie sei mit sich selbst versöhnt, nur durch ein Komma davon getrennt. Sie sucht, Fazit, den »Partner für Lebens-, evtl. Arbeitsgemeinschaft«. Viel Glück. Ob sie ihn erst einmal analysieren wird?

Auto gegen Einsamkeit

Ohne Auto ist mancher nur ein halber Mensch. Das mag jene Frau, 58jährig, »gepflegt« (das einzige persönliche Merkmal, das sie von sich preisgibt), nicht nur instinktiv gespürt, sondern am eigenen Leib als Realität erfahren haben, bevor sie sich entschloß, einen Kurztext drucken zu lassen, in dem sie ganz schlicht nur einen »Herrn mit Pkw« sucht. Sie fordert nichts weiter von dem Mann, den sie sich ersehnt, als daß er ein Auto haben möge. Ist das krasser Egoismus, Wohlstandsdenken? Auf den ersten Blick möchte man so urteilen. Bei einigem Nachdenken ließe sich aber auch vermuten, daß es sich um einen Außenseiter in unserer Wohlstandsgesellschaft handeln könnte. Vielleicht lebt die Frau isoliert, kommt kaum irgendwohin und ihr Lebensraum ist eingeschränkt. Da hilft nur ein Herr mit Pkw. Hat diese Frau nicht mit ihren buchstäblich zwei Zeilen Anzeigentext ein wichtiges Problem unserer Zeit besser ins Blickfeld gerückt als manche umfangreiche Abhandlung? Das »Problem« Einsamkeit nämlich.

Altersunterschied

Krasse Altersunterschiede sind bei Ehen nicht das Normale. Über den Begriff ›normal‹ kann man zwar lange reden, dennoch gibt das Leben selbst Regeln vor, die man nicht ungestraft außer acht läßt. Paare lügen sich deshalb etwas vor, wenn sie sich einen Altersunterschied zumuten, der zum Ausdruck bringt, daß der eine eher Vater oder Mutter des anderen sein könnte als sein Ehepartner.

Nach unserer heutigen Auffassung basiert die Ehe vor allem auf Zuneigung, auf Liebe. Anders in früheren Zeiten. Über Jahrhunderte hinweg wurde für eine Ehe nicht personale Liebe vorausgesetzt. Nach allgemeiner Auffassung war die Ehe vielmehr ein vertragliches Arrangement zum Vorteil des Familienclans, das Vermögensangelegenheiten regelte und vor allem das Erbe sicherte. Liebe, das hatte sich irgendwie von selbst einzustellen, und wenn nicht, war das Band der Ehe stark genug, auch ihr Nicht-Vorhandensein auszuhalten. Wurde einem der Ehepartner nicht durch die Eltern bestimmt, unterwarf man sich freiwillig der Konvention und strebte die ›Vernunftehe‹ an. Kommt diese Einstellung zum Vorschein in einer Heiratsanzeige, die sogar einen Altersunterschied von mehr als 40 Jahren einkalkuliert? Ganz gezielt sucht da eine Dame, selbst 32 Jahre jung, einen Partner für Tisch und Bett, der bis in die Mitte seiner 70er Jahre fortgeschritten sein darf. »Welcher Herr ist so einsam wie ich?« fragt sie noch, spricht von ihrem nur kleinen Einkommen, bezeichnet sich als sparsame Frau, die gerne zu einem anständigen Mann ziehen würde, und vergißt nicht den Hinweis auf ihre gute Figur. Auch: »Ein gutes Herz ist wichtig.« Welches einsamen Rentners Herz schlägt nicht höher, wenn er dies in seinem Wochenblättchen liest?

Die ›Senioren-Vermittlung‹, welche die Anzeige im Auftrag jener Dame aufgegeben hat, mag Formulierungshilfe geleistet haben. Was veranlaßte diese Frau, gezielt über eine Senioren-Vermittlung den Mann fürs Leben zu suchen? Hier stockt man schon: fürs Leben? Für wie viele Jahre eigentlich? Für die restlichen Lebensjahre des Seniors doch wohl nur. So töricht kann keine 32jährige Frau sein, dies nicht mit einzukalkulieren. Ist diese Überlegung möglicherweise sogar das Entscheidende bei ihrem Bemühen? Wen wird die Schöne aus den sicher zahlreichen Zuschriften aus Rentnerkreisen auswählen? Den mit der besten laufenden Rente oder den mit dem stattlichsten Vermögen im Hintergrund, um ihn nach wenigen Jahren aufopferungsvoller Liebe zu beerben? Oder vielleicht doch den mit dem guten Herzen, der ihr jenes Glück gibt, das sie bei den Männern ihrer eigenen Generation nicht finden konnte? Ist Sigmund Freud im Spiel, ist es ein Vaterkomplex, der ihr gebietet, einen alten Mann zu lieben? Eine schlüssige Antwort darauf ließe sich nur finden, wenn man den Rentner genauer unter die Lupe nehmen könnte, der ihr Auserkorener sein wird.

Junggeselle

Dem typischen Junggesellen fehlt zum Heiraten das gewisse Etwas: der Entschluß, sich zu binden, sich festzulegen, Unwiderrufliches zu tun, die Liebe fürs Leben zu akzeptieren. Vielleicht stellt er aber doch irgendwann mit Erschrecken fest, daß er

Wichtiges versäumt hat, das Wichtigste womöglich. »Die Liebe meines Lebens ist mir noch nicht begegnet«, erklärt ein 35jähriger Mann, von Beruf Ingenieur, eindreiviertel Meter groß, »gute Erscheinung«. Und er vermerkt ausdrücklich, daß er sensibel und erlebnisfähig sei. Er erbittet Zuschriften. Man versucht, sich den Fall vorzustellen. Ein Frauenfeind war er nicht, darf man vermuten. Und hätte Berufliches ihn gehindert, die Frau fürs Leben zu finden? Möglicherweise war er ja zu sehr mit seiner Karriere beschäftigt. Oder sollte er an die fünfzehn Jahre mit der vergeblichen Suche nach einer Lebensgefährtin verbracht haben, wenn man den Beginn des Erwachsenenalters großzügig ins zwanzigste Lebensjahr verlegt? Oder muß man, wenn das mit der »guten Erscheinung« stimmt und er überdies laut Anzeigentext sportlich veranlagt ist, die Vermutung aussprechen, daß er seine Zeit mit Liebschaften verplempert und den Gedanken ans Heiraten immer weit von sich geschoben hat, um plötzlich festzustellen, daß da eine große Leere ist, daß die »Liebe meines Lebens« eigentlich fehlt? Junggesellen sind besondere Typen, oft beneidet, manchmal, wie hier, zu bemitleiden, da ihnen das Schönste bisher entgangen ist. Wenn der Mann nicht lügt, ist er in seinem Leben noch nicht wirklich glücklich gewesen, und das ist schlimm, wenn man kein grober Klotz ist.

Schickeria

Nahezu ihren ganzen Bildungshorizont gibt die Verfasserin einer Heiratsanzeige preis, die sich in der Überschrift als »German lady« ausgibt. Ihr erscheint es eben schick, englisch zu sprechen. Und einen reichen Mann zu suchen ist auch nicht verboten. Sie tut es mit ganz unmißverständlichen Worten: Millionär muß er sein. Ihr eigenes Äußeres: groß, schlank, blond. Krankheiten plagen sie nicht, »gesund« heißt es lapidar. Eine Vergangenheit hat die 40jährige nicht, wenigstens wird nicht erwähnt, ob sie noch eine verspätete Jungfrau ist oder geschieden, oder ob sie bereits einen Millionär überlebt hat. Statt der Vergangenheit liebt sie Hobbys (welche?) und verreist gerne. Ein Luxusweibchen aus der bundesdeutschen Schickeria? Man darf es vermuten, da die Dame außer schlank und blond auch noch »sophisticated« ist, was nicht bloß im Sinne von Langenscheidts kleinem Taschenwörterbuch ›aufgeklärt, kultiviert, intellektuell‹ bedeutet, sondern als Modewort den vorgeblich geistreich-raffinierten Typ Frau bezeichnen soll, der schon mit »German lady« angedeutet ist. Man fragt sich, warum ist es ihr bei derart forcierter Profilsucht nicht gelungen, den Traum-Mann an sich zu ziehen? Man kann sich dieses Geschöpf nach seiner eigenen Beschreibung recht gut auf Partys vorstellen, von Vernissage zu Vernissage eilend, Aufmerksamkeit auf Empfängen erregend. Irgend etwas aber scheint doch wohl nicht zu stimmen. Es bleibt ihr nichts anderes übrig, als den »gutaussehenden, intelligenten Millionär zwecks Heirat« über eine Annonce zu suchen. Für eine »sophisticated lady« nicht sehr überzeugend. Hoffentlich stößt sich der gesuchte Millionär nicht daran, daß er so ganz plump als ›Millionär‹ angesprochen wird. Denn: von Geld spricht man nicht, das hat man (in diesen Kreisen).

Die andere Seite

Neben solchen Texten Anzeigen von Behinderten zu lesen, macht betroffen. Doch auch wer auf der dunklen Seite dieses Daseins steht, sucht Glück. Ein 34jähriger Mann, 175 cm groß, in einem, wie er sagt, zukunftsreichen Beruf tätig, ist blind, ist geschieden. Er wünscht sich eine Lebenspartnerin »mit gutem Sehrest oder sehend«. Wer sieht ihn? Wer sieht seine Probleme? Wer liebt ihn? Nur ernstgemeinte Zuschriften mit Bild . . . Aber er wird nie das Bild sehen können, nie den Brief oder die Briefe, die er vielleicht auf seine Anzeige erhält, selbst lesen können. Die Mutter, der Bruder, die Schwester oder ein Freund liest ihm die Briefe vor, beschreibt ihm, wie die Frau auf dem beigelegten Foto aussieht. Eine Heiratsanzeige, die einen »Sehrest« erfordert, um das Schicksal zu ahnen, das dahinter steckt.

»Mit dem kleinen Auto direkt zu Dir«

Auf dem bunten Markt der Heiratsanzeigen haben die berufsmäßigen Vermittler ihren festen Platz. Von Zeitung zu Zeitung schwankt ihr Anteil am Anzeigenaufkommen; in einer großen rheinischen Zeitung stammen bis zu 45 Prozent der Heiratsanzeigen von ihnen. Zeitungen rücken diese Annoncen gewöhnlich in Blocks zusammen, damit man sie auch auf den ersten Blick von Privatanzeigen unterscheiden kann. Außerdem: Vermittler sind verpflichtet, von ihnen aufgegebene Anzeigen klar als solche zu kennzeichnen; ihr Name mit Postanschrift muß im Anzeigentext erscheinen.

Mehr oder minder qualifizierte Werbefachleute sind am Werk bei der Textgestaltung der Vermittler-Anzeigen. Auch bei ihnen hat sich ein Jargon herausgebildet, der bereits bei der Lektüre einer halben Seite solcher Annoncen auffällt. Besonders knapp gehalten sind die Angaben zur Person des Ehesuchenden in den Sammelanzeigen. Man beschränkt sich häufig auf Altersangabe, Berufsbezeichnung und knappe Worte zur Vermögenslage. Und das gute Aussehen wird selten vergessen. Es gibt überhaupt nur gutaussehende Leute. Wird aber in einer gestalteten Anzeige oder einer reinen Textanzeige nur eine Person vorgestellt, herrscht ein gefühlsmäßiger Ton vor, der ›zu Herzen geht‹. Die gern mit dem Vornamen genannten Ehesuchenden (ist es nur ein Stichwort oder der echte Vorname?) sind »einsam« und »sehnen sich nach dem Glück zu zweit«. Sie werden geradezu poetisch: »Wenn ich wüßte, daß DU mir schreibst, würde mir der heutige Tag schneller vergehen.« Und: »Selbst mein kleines Auto macht mir keinen Spaß, weil mein Herz immer noch einsam ist. Ich sehne mich so sehr nach jemandem, zu dem ich gehöre, den ich lieben kann, für den ich da sein kann, mit dem ich mich verstehe. Hast Du was zum Schreiben da? Schick doch einen Brief!« Oder es heißt: »Am liebsten würde ich aber mit dem kleinen Auto direkt zu Dir fahren, zu einem lieben, schlichten Mann, wenn ich nur wüßte, wo Du wohnst. Beschreibst Du mir genau den Weg, wie ich fahren muß, damit ich Dich auch finde? Vielleicht eine kleine Zeichnung, damit ich mich nicht verfahre und ich Sonntag bei Dir bin.«

Eine Chance allerdings vertun die berufsmäßigen Vermittler zumeist. Der private Inserent, der in seiner Anzeige eine Selbstdarstellung geben muß, hat das Handicap, über sich selbst reden zu müssen. Befangenheit oder das krampfhafte Bemühen, sich interessant zu machen, lassen dies oft mißlingen. Sobald jemand aber über eine andere Person eine Aussage macht, ist dies Problem entschärft. Der Vermittler könnte also — rein theoretisch — die Wünsche des Ehesuchenden wiedergeben und ihn und seine Verhältnisse mit guten Worten ganz objektiv beschreiben; das sollte der beste Weg zum gewünschten Erfolg sein. Aber die mehr oder minder erstklassigen Werbefachleute in den Eheinstituten sehen ihren Job anders. Sie faseln oft einen haarsträubenden Unsinn zusammen — Hauptsache: sie locken damit möglichst viele Interessenten in ihre Büros.

Poesie der Individualität

Wie einzeln wachsende schöne Blumen auf einer abgeweideten, ausgedörrten Wiese begegnen uns die Heiratsanzeigen der ausgesprochenen Individualisten. Manchmal sind es nur die Überschriften, die ins Auge stechen. »Ansporn zum Leben« heißt es da ganz einfach und charakterisiert die Absicht der Anzeigenaufgeberin: was sie sein will, was sie geben will. Oder »Alter Brummer sucht nette ältere Biene«, mit deren Hilfe er seinen augenblicklichen Lebenswandel umfunktionieren will. Sie muß aber, unter anderem, »trotz ihres Intellekts kochen können«. Und eine 60jährige Dame setzt über ihre Annonce den Spruch: »Die Zeit eilt, heilt — und teilt«. Sie vergißt nicht, in Klammern anzugeben, daß es sich um einen »Uhren-Spruch« handelt. Vielleicht hat sie solch eine Uhr in ihrem Wohnzimmer, und der große, humorvolle Herr um die Siebzig, auf dessen Antwort sie wartet, versteht den Spruch auf Anhieb, wenn auch er genug Schicksal hinter sich hat.

Auf die vielfachen Ortsangaben in Heiratsanzeigen anspielend, mit denen Heiratslustige Partner aus bestimmten Gebieten suchen oder angeben, woher sie selbst stammen, überspielt eine 34jährige Frau diese für eine Ehe oder gar Liebesheirat letztlich unwichtigen Dinge mit der in schön kursiven Großbuchstaben angebrachten Überschrift »Raum Herzverlorn«. Und sie setzt nichts weiter hinzu, neben drei Zahlen, die Alter, Größe und Körpergewicht angeben, als den kurzen Satz: »Iphigenie wartet auf fröhlichen Beschützer.« Ohne solide literarische Kultur, scheint es, hat hier ein Bewerber keine Chance. Mit sieben Worten hat die Inserentin alles Nötige gesagt, um nur solche Zuschriften zu bekommen, die ein echtes Angebot für sie darstellen, Briefe, deren sprachliche Qualität bei der Bewertung der Bewerber bestimmt eine Rolle spielen wird. Denn ohne Sprachkultur kann »Iphigenie« nicht leben, das ist klar.

Im selbstverliebten Vergleich mit einem Kunstwerk verstrickt sich der Text einer 45jährigen Dame (163 cm hoch, 60 kg): »Apartes Frauenbildnis, katzenäugig . . ., in allerbestem Erhaltungszustand, sucht den passenden Rahmen. Es gab kaum Ausstellungsmöglichkeiten . . .« Die musikalische Assoziation ergibt sich wie von selbst: ›Dies Bildnis ist bezaubernd schön.‹ Ist es das wirklich, in diesem Falle? Gilt doch in der Kunst: zu dick aufgetragen gerät das Schöne leicht zum Kitsch. Nun, die in die engere Wahl gezogenen Briefschreiber werden sich ein Urteil erlauben können. Aber auch das Materielle wird im Anzeigentext nicht vergessen. Sie habe keine reichen Eltern, sagt sie: »Die Schöpfer (dieses Bildnisses) sind weder von Adel noch vermögend.« Der »anspruchsvolle Erwerber« des aparten Frauenbildnisses darf darüber hinaus »eine Trennung nicht einkalkulieren«: dies hinzuzufügen schien dringend geboten, denn ein Kunstobjekt ist mitunter auch eine Handelsware. Was aber nun, wenn sie — rot/braunhaarig, katzenäugig und poetisch angehaucht — an einen Kunstsammler gerät?

Es ist keine Illusion

Schriftsteller, [redacted] viel jünger aussehend, 1,80 gr., schlk. Erschg., gut aussehend, vielsprachig, weltbereist, gut situiert, möchte nicht länger alleine bleiben. Welche adäquate interessante Frau möchte mit mir Hand in Hand durchs Leben gehen und es wirklich mit mir genießen. Ich sehne mich nach einem solchen Menschen. Antworten bitte nur mit Bildzuschriften unter [redacted]

Zwillings-Frau

Rubensfigur, Nichtraucherin, 57 J., 1,63, sehr gute Verhältnisse, weltoffen, tolerant, sensibel, sucht für den Spätsommer des Lebens intellig. motorisierten, sportlichen, liebenswerten Partner zw. 55—65 Jahre für eine glückliche Ehe, Gartenfreund bevorzugt. Abenteurer unerwünscht. Ernstgem. Zuschriften erbeten unter [redacted].

Mann

symp., ruhig, verläßlich, 38, 186, 80; Kinder, Garten, Erotik, Zweisamkeit und mehr liebend, sucht Sie zur Errichtung des Glücks inkl. Ehe, nach dem wir uns sehnen. Bitte schreiben Sie unter [redacted]

Optimistin

anspruchsvoll, zärtlich, sensibel, 33 J., 160 cm, dklh., Nichtraucherin, musisch, naturverbunden, sucht Ihn, zuverlässig, kreativ u. beziehungsfähig, für ein bewußt[redacted] gemeinsames Leben (Raum [redacted] u. a.). Bitte Bildzuschr. u. Telefonangabe unter [redacted]

STUDIENRÄTIN

Anf. 40, 1,72, sportlich, vollschlank, mit Haus und Garten, sucht Mann von 47–53 J. mit Niveau, Herz und Charakter.

Bildzuschriften erbeten unter [redacted].

ZU ZWEIT AUSWANDERN

möchte: Illusionsloser Antimilitarist ohne Parteibuch, NEWSPEAK-Allergiker; 41/1,83/90; [redacted] zeit- und selbstkritisch; Auslandserfahrung. Mir fehlt die Partnerin: Kein Papagei, keine Journalkopie, sondern eine aufrichtige, liebesfähige Individualistin mit Elan. Zuschriften unter [redacted]

Verflixt

es muß doch irgendwo einen charmanten, intelligenten Mann geben, der mit mir, 42, attraktiv, gescheit, sportlich (Tennis) und ein klein wenig anspruchsvoll, den Start in ein neues Leben wagt. Raum [redacted]. Zuschriften unter [redacted].

Jägerswitwe

28 Jahre, 1,61 groß, schlank, feinfühl., romantisch. Mit 2½jährigem Sohn, Eigenheim vorh. Wünscht Bekanntsch. mit charakterfestem, zuverl., liebev. Herren. Wenn möglich wieder Jagdscheininh. Späteres Zusammenleben erwünscht. Nur ernstgemeinte Zuschriften erbeten unter [redacted]

Vorwiegend Weib

danach Dame, immer aber verläßliches Zuhause wäre ich (40, 1,75 m, schlank, anspr. Äußeres, aufgeschlossen, sinnenbewußt, ohne Objekt-Ängste und Emanzipationsmanie, temperamentvoll-impulsiv, sensibel, parkettsicher, sportlich-elegant, dtsch., engl., frz., sprechend, gerne für den Mann meines 2. Lebens: (herzens-) gebildet, gesprächsbereit, führenwollend (und -könnend), loyal, gepflegt, zärtlich, bis zupackend. Bildzuschr. unter [redacted]

Vorstandssekretärin

32, gesch., (schlk.), sucht einen Mann, der Anstand und Treue nicht als sichere Zeichen von Dummheit erkennt. Er sollte nicht jünger als 40 Jahre sein ... ansonsten sind mir sein Geburtsdatum oder Gewicht gleichgültig. Eventuelle Zuschriften erbeten unter [redacted]

ASIATINNEN

su. Ehepartner d. SAFIM Agentur f. internation. Heiraten mit Erfolgsgarantie, zu Festpreisen. [redacted]

30jährige Witwe, 168 groß, mit 10jährigem Sohn, sucht lieben, ehrlichen, netten Mann. Bitte nur ernstgemeinte Zuschriften, möglichst mit Bild und Telefonangabe. [redacted]

Arbeiter, 43/162 sucht Freundin. Bin ruhiger Typ, gehe gerne spazieren, bergwandern und schwimmen. Bin aber auch abends gern zu Hause. Bei Zuneigung Heirat möglich. Zuschr. u. [redacted]

Wer schreibt mir?

Bin 34 J., 175 m, blind (geschieden), habe zukunftsreichen Beruf. Suche Frau; (Mädel) mit gutem Sehrest oder sehend zwecks spät. Heirat. Nur ernstgem. Zuschr. mit Bild unter [redacted]

Dr. Universitätsdozentin

43/1,77, Vollwaise, ledig, ohne Anhang, außergewöhnlich hübsche Dame von Format aus jahrhunderte alter Akademiker- und Adelsfamilie, sehr hohes Immobilienverm. und wertvollste Kunstsammlung vorh., wü. passenden Ehepartner [redacted]

JÜDIN

28, Witwe, vermögend, mehrsprachig, schlank, sehr vollbusig, zärtlich, sucht einen kultivierten, vitalen, anspruchsvollen Herrn. Ausführliche Zuschriften erwünscht unter [redacted]

[redacted] 21, schminkt sich nicht – malt sich nicht d. Lippen an – ist mehr f. Häuslichk., Musik u. Fernsehen – fährt aber auch gern m. ihr. kl. Auto ins Grüne. Am liebst. würde ich aber m. mein. kl. Auto direkt zu Dir fahren – zu e. lieb., schlicht. Mann – wenn ich nur wüßte, wo Du wohnst. Beschreibst Du mir genau d. Weg – wie ich fahr. muß – damit ich Dich auch finde? Vielleicht e. kl. Zeichnung, damit ich mich nicht verfahre u. ich Sonntag b. Di bin [redacted]

Welcher Herr ist so einsam wie ich? Ich bin 32 Jahre, komme aus den ehemaligen deutschen Ostgebieten, bin kinderlieb, wie Sie sehen gutaussehend, bin sparsam, lebe von kl. Einkommen, habe gute Figur und würde gerne zu einem anständigen Mann ziehen. Ein gutes Herz ist wichtig. Wünsche mir einen Herrn bis Mitte 70 Jahre. Darf ich hoffen? **EILT!** Ihre Zuschrift erreicht unter [redacted] Senioren- [redacted]

BAUE EIN HAUS, PFLANZE EINEN BAUM, ZEUGE EINEN SOHN . . .

(diese Reihenfolge soll nicht verbindlich sein)

hierfür und für anderes, das wir uns gemeinsam vornehmen sollten, suche ich eine Partnerin, die mich auf dem weiteren Weg durchs Leben begleiten will.

Ich bin Mitte 30, 1,70 m, Beamter im gehobenen Dienst, u. a. naturverbunden, geschichtsinteressiert und wohne in Nordrhein-Westfalen. Auf Ihre Zuschrift, wenn möglich mit Bild und Telefonangabe, freue ich mich. [redacted]

Suche für meine Tochter, 32 Jahre, Anwältin, sehr apart, häuslich, sportl. Typ (Jägerin, Reiten, Tennis, Ski) liebev. adäquaten

Partner

Zuschr. erb. u. [redacted]

Karrierefrau, charmant, feminin, mittelschlank, sehr gute Optik, 24/176, möchte sich zum nächstmöglichen Termin verändern. Der neue nikotinfreundliche, weltoffene Chef sollte ein Mann mit Format sein, in ausgezeichneten Verhältnissen leben und mich nach erfolgreicher Probezeit durchs Leben managen sowie auch über die Pensionierung hinaus behalten wollen. Aufforderung zum Vertragsgespräch bitte mit Telefonangabe unter [redacted]

Die Liebe meines Lebens ist mir – Dipl.-Ing., 35/175, gute Erscheinung, beruflich engagiert, sportlich, aber auch sensibel und erlebnisfähig – noch nicht begegnet **Zuschr. u. ✉** [redacted]

Vollschlanke, hübsche Mutti, 39 Jahre, 1,70, mit Anhang, wünscht aufrichtigen Partner kennenzulernen. Bildzuschriften mit Telefonangabe. Jede Zuschrift wird beantwortet. [redacted]

Ich lasse mich nur schwer zähmen, bin ständig in Opposition und kann Gefühle nur dem zeigen, der mein ganzes Vertrauen gewonnen hat. Mein Selbstbewußtsein ist oft nur gespielt. Wer traut sich zu, mir, Fremdsprachensekretärin, 40 Jahre, 52 kg, aus meiner Hilflosigkeit zu helfen, mit mir zu reden und zu schweigen? Ich reiche ihm beide Hände. [redacted]

German lady

40, 178 cm, schlank, blond, sophisticated, gesund, Hobbys u. a. Reisen, sucht adäquaten, gutaussehenden, intelligenten Millionär zwecks Heirat. Zuschriften erbeten unter [redacted]

Die Zeit eilt, heilt – und teilt

(Uhren-Spruch). Vw. Dame, schlk., 60 J., natürlich u. warmherzig, hofft auf das Echo eines großen, humorvollen Herrn um 70 ±5, vw./gesch., der mit Menschlichkeit u. Güte diesen Umweg akzeptiert, weil er auch d. Alleinsein spürt. Vielleicht können wir es gemeinsam beenden? Tel. erbeten unter [redacted]

Raum Hinterpfuideifi

(zwischen Arber und Bodensee)

wartet ein Rübezahl, frisch rasiert, geistig sensibel — körperlich robust (37/1,80/80) auf Schneewittchen oder Rosenrot. [redacted]

EIN MENSCH

aus Bonn sucht selbstbewußte, aktive u. nachdenkliche Dame mit Temperament u. Sinn; für menschliche Tugenden. Er, 42, 1,83, dunkel u. zärtlich, bietet ähnliches. Haben Sie Mut! [redacted]

O sprich das kurze Wort! und rette Dich und mich zugleich. Suche gutaussehende, mittelschlanke und natürliche Frau; Prof. (FH), 39/1,72, ang. Äußeres, aufgeschlossen, Raum [redacted] und anderswo. Bildzuschrift bitte unter [redacted]

Jeder Wein braucht seine Zeit
zum Reifen.
Spritziger Jahrgang (1943),
sonnige Lage, blondes Etikett
mit blauer Schrift
sucht Kenner und Liebhaber.
Oechslegrade: 1,65/59
Straußwirtschaft: Raum [redacted]

RAUM HERZVERLORN

Iphigenie, 34/1,68/63, wartet auf fröhlichen Beschützer. [redacted]

Die Zeit vergeht —

„Du siehst vom Fenster aus die Jagd der Jahre, Du glaubst nicht länger an das Wunderbare und einmal kommt es doch . . ." Ob Erich Kästner recht behält? fragt sich Akademiker, 41/1,76, schlank, sehr zärtlich und natürlich. Bitte nur Bildzuschriften mit Adresse unter [redacted] Postfach [redacted]

Machen wir uns nichts vor: Wer hier in die Zeilen gerät, muß sich ganz schön unter Druck gesetzt fühlen, egal was er mit seinen Zeilen auszudrücken vermag. Wer das von sich noch nicht weiß, kann nicht wissen, was er will und insofern möchte ich nicht das Interesse wecken von jemandem, der nicht ahnt, daß im Konfliktfall er sich selber als größtes Problem geraten kann. Wenn Sie also eine tapfere und eigenwillige Kriegerin sein können, hätte ich weiter zunächst keine Vorbehalte gegen eine Sympathie-Probe. Meinen Urlaub, vom Dasein eines leitenden Architekten in der Industrie, verbringe ich zu Pferde in Irland. Überhaupt ähnelt mein Aussehen u. Gebaren dem des Insel-Volkes (sagt man). Meine persönlichen Daten sind: 40/1,76/70. Gern erwarte ich Ihre freundliche, bebilderte Zuschrift aus dem Raum [redacted] unter [redacted]

Ansporn zum Leben

Warmherzige und gefühlvolle Sekretärin, Raum Stgt., 34/1,69/65, led., gutauss., kult. interess., naturverb., sportl., sucht adäquaten Mann für alles und Ehe Bildzuschriften [redacted]

„Raum [redacted] und anderswo"

Alter Brummer sucht nette ältere Biene

zum Umfunktionieren des augenblicklichen Lebenswandels.
Er ist Witwer, 66 — 1,78 — 78 und überzeugter Naturfreund, liebt die musischen Künste und ist recht zärtlich und verläßlich.
Sie müßte Freude und Qualifikation zur geistigen Auseinandersetzung mitbringen, sehr tolerant sein und trotz ihres Intellekts kochen können.
Als Europäerin spricht sie mehrere Sprachen.
Ihre Lebenseinstellung ist positiv und sie hat viel Humor. Kennt sie sein Lieblingsbüchlein von Ann Morrow Lindbergh „Gifts of the Sea" (deutscher Titel: „Muscheln in meiner Hand"), dann wüßte sie um seine Vorstellung von einer Zwei-Einsamkeit . . .
Zuschriften bitte unter [redacted]

Einsamer Bösendorfer-Flügel

♀ sucht bis ans Ende der Welt vielseitig aufgeschl., junggebliebene, gutaussehende, sensible, naturverbundene „Meistergeige" ♂ zum gemeins. Musizieren (u. a. Brahms, Franck), Arbeiten, Gedankenaustausch, Wandern, Reisen und . . . Verlieben.

Mein Steckbrief: **Schulmusikerin,** Hauptf. **Klavier,** 48 J., 1,66, 54, schlank, hübsch, dunkelblond, mädchenhaft jung geblieben durch pos. Denken u. veget. Kost aus eig. biolog. dyn. Anbau (leidenschaftl. Hobbygärtnerin), sehe aus wie eine Studentin, enorm vielseitig, sowohl künstlerisch als auch praktisch: kann Bäume pflanzen, Dünger stehlen aber auch Bilder malen, einen Violinabend begleiten und eine Symphonie dirigieren.

Wenn Du glaubst, mir ein ebenbürtiger Partner sein zu können, dann schreibe mir bitte umgehend mit Bild unter [redacted]

Es ist schade um jeden Tag, der ohne Dich vergeht.

Einfach sein ist gar nicht so einfach, sagte Werner Finck.
Ich suche den weiblichen Menschen, der einfach ist, ohne sich mit einem verkürzten Leben zufrieden zu geben. Bin fast 36 Jahre, 184 cm in wirtschaftlich gesicherter Position. Sporttreibend (Bergwandern, Leichtathletik), literaturinteressiert. Zuschriften unter [redacted]

Journalistisches Weibsbild, eckig-kantig-dreißig, mit gut möbliertem Hinterkopf, sucht ähnlich souveränes Mannsbild mit unruhigem Vorwärtsgeist. Eigene Optik: zierlich-dunkel-passabel Gesuchte Optik: erfreulich (ohne Foto keine Antwort). [redacted]

Wo wird ein Baby erwartet und fehlt der Vater? Junggeselle, 43, wohlsituierter Kaufmann, häuslich, solide, musisch, tolerant, möchte Vaterschaft übernehmen und hat Platz in seinem Haus für Mutter und Kind.
Ernstgemeinte Zuschr. u. [redacted]

Sommerferien zum Kennenlernen

Dahin, wo die Sonne scheint, möchte ich mit Dir reisen, gemeinsam durch Stadt und Land streifen, über Vergangenes, Gegenwart u. Zukunft reden. Ich bin Naturwiss. (32 J., Raum [redacted] u. begeisterungsfähig für klass. Musik, Bücher u. Natur.

Kommst Du mit?

Wenn wir Glück haben, wird es eine Reise für länger. [redacted]

Apartes Frauenbildnis

katzenäugig, rot/braunhaarig, 163 cm hoch, 60 kg, ca. 45 Jahre, in allerbestem Erhaltungszustand — sucht den passenden Rahmen. Es gab kaum Ausstellungsmöglichkeiten; die Schöpfer sind weder von Adel noch vermögend. Interessenten gibt es sicher, doch gewünscht wird anspruchsvoller Erwerber, der eine Trennung nicht einkalkuliert.

Zuschriften unter [redacted]

ALTSEIN IST SCHÖN

Dame, 57, sucht unabhängigen, gebildeten, unternehmungslustigen Partner bester Kreise.

[redacted]

ENDLICH ÜBER VIERZIG

Dame sucht Partner von Format: intell., gebildet, gütig, lebenserf., großzügig, zuverl., Ich-stark, neugierig auf das Leben u. deshalb jung.

Sie: 1,73/65, attrakt., mit Gesicht, Auftreten u. Charme, studiert, gesch., bietet gleiches.

Schreiben SIE mir? [redacted]

Per Zufall wieder frei...

lassen Sie es mich nicht länger bleiben. In kreativem Beruf erfolgreich, ungebunden, eheerfahren, attraktiv, Ende Dreißig, sehne ich mich nach neuer Liebe, die Herzklopfen bringt. Suche zärtlichen, gebildeten, für Politik, Kunst, Sport interessierten Partner bis Mitte 40 J., im Raum [redacted]

[redacted]

AUS DEN TRÜMMERN UNSERER VERZWEIFLUNG BAUEN WIR UNSEREN CHARAKTER.
Zärtliche, sensible Waage, 36, 1,91, 75, freiberuflich Film/Fernsehen, sehnt sich nach mupfeliger, großer Venus mit Mut und Kraft zu mehr als nur den sonnigen Seiten des Lebens. [redacted]

Der klare Kopf streitet mit dem sinnlichen Bauch;
der letzte will leben, der erstere auch.
Beide stimmen darin überein —
„man kann mit schlechter Laune nicht zärtlich sein."

Genau das aber, und zwar physisch und psychisch, möchte Dipl.-Psychologe, 40/ 1,78 m, mit einer Partnerin, die mit ihm zusammen leben und — falls möglich — auch zusammen arbeiten könnte.

Sie sollte nicht (mehr) durch Erinnerung an frühere schöne Zeiten gehindert sein, heute zu leben, zu lieben und vielleicht auch noch ein Kind zu bekommen.

Ich möchte mit ihr einen Alltag gestalten, der sich nicht nur in den vier Wänden abspielt; bei dem Gefühle und Lust ebenso eine Bedeutung haben wie Abenteuer und Entdecken. Zuschriften (Bild) aus dem Raum [redacted] bitte unter [redacted]

MÖCHTEN SIE SICH AUCH GERNE VERLIEBEN?

Wenn ja: ich bin 33 J., 1,85 groß, schlank, sportlich, habe eine akademische Ausbildung und bin beruflich stark engagiert. Wenn Sie auf Zärtlichkeit und Liebe nicht verzichten wollen, eine echte Partnerschaft wünschen, lebensfroh, hübsch, nicht jünger als 23 sind und im Raum [redacted] wohnen, dann sollten Sie mir schreiben (mit Bild).

[redacted]

Unter den Heiratsanzeigen gibt es exzellente Einzelstücke, die inhaltlich Außergewöhnliches bieten. Diese »Sonderangebote« findet man in der Regel in den überregionalen Zeitungen.

Welche Frau etwa gerät nicht ins Träumen, wenn sie den »Ruf aus dem sonnigen Kalifornien« vernimmt, wie die Überschrift einer Anzeige lautet. Ein Designer, freiberuflich, deutscher Herkunft, sucht seine Traumfrau, die rund zehn Jahre jünger als er selbst sein soll. »In harmonischer Partnerschaft« möchte er mit ihr ein vielseitiges, kreatives, finanziell abgesichertes Leben genießen. Wenn sie zu ihm kommt, darf sie sicher sein: »It can be a start for a beautiful life.«

Oder Paris! »Mögen Sie diese Stadt? Fänden Sie es reizvoll, hier zu leben?« Welcher Herr dies offeriert, wird nicht gesagt, das Reizwort Paris ersetzt die Personenbeschreibung. Aber wie die Dame beschaffen sein muß, ist klar: »Unter 30, charmant, lieb, intelligent und gutaussehend.« Foto und Telefonangabe erbeten.

»Eine schwierige Aufgabe« ist es dagegen in der Tat, von Südafrika aus eine deutsche Frau zu suchen, die willens wäre, per Luftpostbrief ihre persönlichen Daten anzureichen und womöglich bei gegenseitigem Wohlgefallen über kurz oder lang dann am anderen Ende der Welt Ehe- und Familienglück zu versuchen. Gibt es da unten keine Frauen? Natürlich. »Aber irgendwo sind deutsche Frauen doch wohl die besten.« Angst vor dem politischen Krisengebiet zerstreut der Inserent, man solle nicht unbedingt glauben, was in den Zeitungen steht. Und: »Wo gibt es heute noch Sicherheit?« Postfachadresse in Johannesburg. Ein selbständiger Geschäftsmann, 42/176, wartet auf Nachrichten aus Deutschland.

Das Gleiche erwartet ein »Niedersachse in Afrika«, der keine nähere Ortsbezeichnung gibt. In »überschaubarer Zukunft« will er zwar nach Deutschland zurückkehren, aber wer weiß, was dies konkret bedeutet. Zunächst wird sich die Auserwählte auf sein afrikanisches Engagement einzurichten haben. Er weilt beruflich dort, ist geschieden, vierzig Jahre jung, evangelisch, »ohne Buckel und Bauch«, und möchte eine »Familie mit eigenen Kindern gründen«. »Eine ansehnliche Partnerin mit Bildung« wird erwartet, am liebsten zehn Jahre jünger als der Inserent. Heia Safari? Oder was darf man wünschen? Wer schreibt ihm? Alle Niedersächsinnen, die unverheiratet sind und um die Dreißig, haben rein theoretisch eine Chance, die Welt zuerst mal ein paar Jahre lang dort zu erleben, wo sie so völlig anders ist als bei uns: heiß, exotisch.

Männer, die von Frankreich schwärmen, bietet sich eine »bildhübsche, elegante Französin« an. Sie ist noch ledig, nicht ortsgebunden, kunstliebend, reisefreudig und wünscht eine glückliche Ehe zu beginnen. ›Er‹ muß nur zwei Bedingungen erfüllen: gefühlvoll sein und im Lebensalter ab 48 stehen. Weiteres wird im Anzeigentext nicht verlangt. Ein außergewöhnliches Angebot? Eine Reise ins westliche Nachbarland könnte hierüber näheren Aufschluß geben.

Ein gutes Stück nach Süden, bis in die italienische Toskana, müßte sich ein Mann begeben, der Lust hat, »in einem gemütlichen Haus« mit einer seit zwei Jahren verwitweten Inserentin »einen neuen gemeinsamen Start in die zweite Lebenshälfte zu wagen«. Er sollte ein »seriöser Bohemien« sein, der das »eingeschlafene Interesse« der Inserentin »an allem, was um mich herum vorggeht, wieder aktivieren« könnte. Der Grund, diese verlockende Einladung in die Toskana an die in Frage kommenden mittelalterlichen Herren in Deutschland zu richten, ist denkbar einfach: »Einsamkeit kann ich nicht länger ertragen.« Wer kann das schon?

Ein »Aussteiger« wird dagegen für die nahe Lüneburger Heide gesucht. Eine 39jährige Witwe freut sich dort über jede Bildzuschrift. »Alter, Beruf etc. unwichtig!« signalisiert sie dem möglichen Partner. »Wenn sie ein wenig Zeit für mich hätten!« ist ihr wichtiger. Was sie unter Liebe versteht, ist bei Fromm nachzulesen, sagt sie. — Welcher Zivilisationsgeschädigte möchte nicht mit einem impulsiven Ja antworten, wenn ihm zum Auftakt dieser Partneranzeige die Frage entgegenspringt: »Haben Sie auch schon mal ans ›Aussteigen‹ gedacht?«

Ähnliches plant ein 38jähriger Akademiker, nur hat er schon sehr präzise Vorstellungen, wie das funktionieren soll. Der Zivilisation müde, im Charakter »manchmal etwas laut und voreilig, kann aber auch ruhig (mache Yoga) und einfühlsam sein«, möchte er mit der Partnerin »auf einer landwirtschaftlichen Insel« leben, als Selbstversorger, »mit wenig gesellschaftlichem Kontakt, aber viel Arbeit«. Erspartes wird man brauchen, da noch Freizeit für Kunsthandwerk und Malerei bleiben sollte. Und sein Erspartes reicht noch nicht für zwei. . .

»Im Schönen zeugen«, wie der Philosoph Plato die Liebe definiert, will ein Kinderarzt. Mit einer klugen und selbstverständlich schönen Partnerin möchte er diesen Versuch unternehmen und so den großen Bogen schlagen von der Erinnerung an die Platonlektüre zur Abiturientenzeit bis in die Gegenwart, nein, in die Zukunft: »Eine glückliche Familie gründen.« Welche Philosophiestudentin höheren Semesters etwa, die den geistigen Gehalt jenes Platonspruches voll zu würdigen weiß, fühlt sich angesprochen? — Aber nicht, daß sie dann hingeht und den Herrn Doktor belehrt, Plato habe dies womöglich in einem ganz anderen Sinne gemeint, nämlich hauptsächlich in einem geistigen! Und Plato und die Frauen? Trotzdem ist der Kinderarzt ein feinsinniger Mensch. Wer macht schon sonst solch ein poetisches Heiratsangebot?

Geradezu als Antipoesie und Anti-Heiratsantrag gibt sich eine Annonce, in der eine Frau, der wohltönenden Vokabeln in Inseraten überdrüssig, die Lebenswirklichkeit mit krassen Worten schildert, provozierend krassen Worten, die geeignet scheinen, ein Nun-Gerade hervorzurufen. Eine »launische, unsportliche Enddreißigerin« ist sie, »älter aussehend, mit anstrengenden

Kindern, hysterischem Hund und Bruchbude im Grünen«. Und sie fahndet nach einem »unerschrockenen Mann, der das aushält«. Von Nikotinsucht geplagt, wartet sie auf Zuschriften. Es wäre interessant zu erfahren, wie viele Briefe sie bekommen hat — und ob der Unerschrockene dann tatsächlich unter den Briefschreibern war.

Unter den ›besonderen Angeboten‹ — diesmal ist der Begriff in Gänsefüßchen zu setzen — sollte man das Lebenszeichen einer allmählich aussterbenden Rasse erwähnen, nämlich der der Edelgermanen. Aus unseliger Zeit, da der Dunst brauner Ideologie so viele Köpfe vernebelte, ist, wie es scheint, der Rassenwahn noch in einigen deutschen Köpfen verblieben. Es taucht die Nazivokabel »völkisch gesinnt« in einer Heiratsanzeige auf: gesucht wird eine Frau zum Zwecke der Familiengründung, die, wie der Sucher, entschlossen ist dazu beizutragen, daß die gute Rasse nicht ausstirbt. »Sterbendes Volk?« heißt die Anzeigenüberschrift, und der Inserent beklagt sich bitter, daß auch unter den Verantwortungsbewußten (wer ist das hier, bitteschön?) viele Unverheiratete seien. Der 59jährige Überlebende bittet um Zuschriften aus Norddeutschland.

Heiter sei der Abschluß der Sonderangebote. Man wird ans rheinische Volkstheater von Millowitsch erinnert, liest man diese Annonce: »Prachtweib . . . sucht kölnischen Helden für Hochzeitsstück.« Eine andere Rasse, die rheinische Frohnatur, meldet sich hier zu Wort, eine aus vielen Völkerschaften entstandene Mischrasse, die seit zweitausend Jahren am Rhein siedelt und bisher noch alle Ideologien überlebt hat — nicht zuletzt wohl dank solcher ›Prachtweiber‹, die die Männer immer wieder von jenen abgelenkt und zu Wichtigerem überredet, verführt haben.

Sonderangebot!

Launische, unsportliche Enddreißigerin — älter aussehend — mit anstrengenden Kindern, hysterischem Hund und Bruchbude im Grünen, sucht unerschrockenen Mann über 1,80, der das aushält. Geistige Interessen und Nikotinsucht können gemeinsam bewältigt werden. Raum [redacted]

2 süße Freundinnen

von 2 süßen Freunden f. gemeinsame, harm. Dauerbeziehungen gesucht! Wir: Anf. b. Mitte 20, groß, schl., opt. akzept., sportl., akad. Ausbildg., vielseit. Interessen. Ihr: 2 adäqu. Partnerinnen, die sich genauso gut verstehen wie wir. Bildzuschr. (zur.) [redacted]

Nicht abgebrochener Riese gesucht

dem es gelingt, meine (37, 170 cm) Sommersprossen zu zählen und zu malen. Kein Schlipstyp, sondern ein sensibler und künstlerischer Mensch, vor dem ich keine Angst haben möchte. Möglichst Raum [redacted]

PARIS

Mögen Sie diese Stadt? Fänden Sie es reizvoll, hier zu leben? Wenn Sie unter 30, charmant, lieb, intelligent und gutaussehend sind, dann sollten wir Kontakt aufnehmen (bitte mit Foto und Tel.-Nr.). [redacted], Postfach [redacted]

Prachtweib

32, 1,70, zur Zeit unentdeckt, nicht nur Akademikerin, sucht kölnischen Helden für Hochzeitsstück. [redacted]

Aparte TIER- und NATURFREUNDIN gesucht!

ZOOLOGE, unalltäglicher, vorzeigbarer Typ mit nicht alltäglichem Job und Lebenswandel, unkonventionell, begeisterungsfähig, nicht ganz erwachsen, humorvoll bis nachdenklich, ein bißchen alternativ, interessiert auch an Sprachen, Reisen, Wandern, Literatur, Politik, Psychologie (!) u. v. a., möchte sich wieder verlieben. Welche sehr natürliche, sensible, mutige Frau riskiert eine Bildzuschrift (garantiert zurück) [redacted]

ON THE ROAD AGAIN

(37, 1,78, 67) Kosmopolit + Müßiggänger, sucht Sie bis 30, neugierig, artistisch, attraktiv, auf der Suche nach den Inseln der Glückseligen.

[redacted]

Ich, 35 J.

hübsch, vielseitig interessiert, lebe auf Mallorca, verbringe aber einen Teil des Jahres in Dtschld. Ich suche einen ernsthaft interessierten Partner für ein gemeinsames Leben, der die Lust und Möglichkeit hat, seine Zeit zwischen Deutschland und Mallorca mit mir zu teilen. Zuschriften bitte unter [redacted]

Sterbendes Volk?

Und auch unter den Verantwortungsbewußten viele Unverheiratete! Gibt es eine völkisch gesinnte Norddeutsche mit natürl. Wesensart, der auch größerer Altersunterschied kein Hindernis für Fam.-Gründung bedeutet? Akademiker 59/1,72, schlk., dklbl., bl. A., sportlich, musisch, nachdenklich, bittet um Zuschr. unter [redacted]

Als Einsiedler zu Zweien

Wer hat Mut und Kraft, ein Leben auf einer landwirtschaftlichen „Insel" mit wenig gesellschaftlichem Kontakt, wenig Konsum, wenig Komfort, aber auch wenig Zwängen (aber wohl auch viel Arbeit) mit mir zu leben. Meiner Vorstellung nach sollte man nicht völlig autonom werden wollen, dadurch bleibt Zeit für künstlerische und handwerkliche Arbeiten (Malerei, Töpferei), für ein bewußteres Leben überhaupt. Deswegen werden meine Ersparnisse allerdings auch nicht für zwei ausreichen.

Ich bin 38 J., Akadem., schlank, groß, gutaussehend, lebe in Norddeutschl., bin manchmal etwas laut und voreilig, kann aber auch ruhig (mache Yoga) und einfühlsam sein.

Bitte Bildzuschriften an [redacted]

NIEDERSACHSE IN AFRIKA

40/1,78/72, gesch., ev., akad. mit beruflichem Engagement und Tiefgang, ohne Buckel und Bauch, mit Rückkehrabsicht nach Deutschland in überschaubarer Zukunft, sucht ansehnliche Partnerin mit Bildung um 30, lieb und anschmiegsam, abenteuerlustig und gesellig mit Wunsch nach eigenen Kindern. Bildzuschriften (gar. zurück) unter [redacted] **erbeten**

EINSAMKEIT kann ich nicht länger ertragen: seit 2 Jahren Witwe, wieder berufstätig, unabhängig, versuche ich, mein Leben allein zu arrangieren und sinnvoll auszufüllen. Ansätze sind gegeben, aber ich kann sie ohne einen Partner, mit dem ich mich austauschen kann, nicht ausleben. Seit 10 Jahren lebe ich in der Toskana, in einem gemütlichen Haus. Welcher „seriöse Bohemien" hat Lust, mit mir einen neuen, gemeinsamen Start in die zweite Lebenshälfte zu wagen? Ich (1,68) bin gesellig, wenn auch etwas zurückhaltend, und möchte mein eingeschlafenes Interesse an allem, das um mich herum vorgeht, wieder — in Gemeinsamkeit — aktivieren. [redacted]

Zugvogel, 53/1,72, schlank, Holsteiner, freiberufl., fin. unabhg., lebe in Frankr. und Karibik auf d. Lande. Suche kultivierte, charakterlose, emanz. Partnerin. [redacted]

Mimose m. grünen Augen u. braunem Haar, 172, sucht Schöngeist, Ökologen, Gartenfreund (55-60) d. Aktiv-Urlaub i. d. Toskana u. a. Meer erleben will. Zuschr. b. m. Telefonang. u. [redacted]

„Im Schönen gemeinsam zeugen"

Jg. Kinderarzt möchte Platons Idee mit einer schönen, klugen, (kinder-)lieben Partnerin (25—32 J.) verwirklichen u. eine glückl. Familie gründen. [redacted]

Frankreich

Bildhübsche, elegante Französin, led., Akad., nicht ortsgeb., kunstliebend, reisefreudig, wünscht sich für glückliche Ehe gefühlvollen „Ihn" ab 48. Bildzuschrift bitte an [redacted]

Eine schwierige Aufgabe

Denn erstens lebe ich sehr weit weg in Südafrika (selbst was in der [redacted] darüber steht, müssen Sie nicht immer glauben. WO gibt es heute noch Sicherheit?) und zweitens ist mir unvermeidlicherweise einiges an Deutschland und den lieben Deutschen doch etwas entfremdet. Man ist doch recht anspruchsvoll und verwöhnt dort geworden, um nicht zu sagen neurotisch, hektisiert und überkandidelt. Wenn ich manchmal diese Anzeigen lese — ogotogott.

Aber irgendwo sind deutsche Frauen wohl doch die Besten. Wenn Sie also im Grunde ein pottnormales Wesen sind, mit Macken, mit denen man leben kann, und einem positiven Naturell mit Humor, dazu gescheit und gebildet (mit Auslandserfahrung), attraktiv mit Charme und Seele, na dann riskieren Sie doch mal einen Luftpostbrief. Alter 25—37.

Schnell zu mir selbst die üblichen Daten: 42/1.76. sportlicher/präsentabler Typ. selbst. Geschäftsmann. Nach außen durchaus Charme und Witz bis zur Schnoddrigkeit. Nach innen mehr Ernst und Gemüt, als mir manchmal lieb ist. Also?

[redacted] P.O.Box [redacted] Johannesburg

WER WAGT, GEWINNT

Mich. 38, 1,83, 92, Bart, gesch., Kapitän, der sich nicht anpreisen mag. Wagen sollten es Sie, wenn Sie bereit sind, ein etwas unkonventionelles Leben zu führen, Treue geben und erwarten können, Toleranz Ihnen etwas bedeutet, Liebe nicht nur ein Wort ist, Dame und Kumpel sind, rundheraus, wenn Sie glauben, ein Typ zu sein, mit dem man Pferde stehlen möchte. Alter passend, eher groß als klein, vielleicht schlank? Bin noch an Bord, daher lange Postzeiten. Urlaub zum Beschnüffeln ab September. Wer wagt's mit Ganzbild?!? [redacted]

Teufelsweib

sucht charmanten **TEUFELSKERL** um ⌀ 30 Jahre, über 1,85, schlank, rassig, sportlich. Selbst — sehr sportlich, gutaussehend, viel Charme und Pep, 1,72 gr., dunkelhaarig, gesch. Hobbys: Tennis, Reiten, Ski, Musik, Reisen. Bitte Bildzuschr. + Tel. Raum NRW. [redacted]

Teufelskerl

sucht charmantes TEUFELSWEIB um 25 Jahre, anspruchsvoll, schlank sportlich. Selbst: 1,90, aktiver Sportler, 35, Unidozent, Musiker. Ich wünsche eine dauerhafte Partnerschaft, nur Bildzuschriften. [redacted]

Ausgestiegen — zu einem Leben abseits der allgemeinen Fahrstraße.

Zum Streifen durch Wälder, Schwimmen in einsamen Gewässern (ab 16° C), Nächtigen auf winterlichen Berghütten, Herumsteigen in altem Gemäuer, Wohnen z. B. in südlichem Fischernest, auf provenzalischem Bauernhof — jedenfalls ohne Berufsfesseln, TV, üblichen Konsum, zum Leben mit Musik, Landschaft, Freunden, Büchern, ästhetischem und geistigem Anspruch

suche ich gebildete, romantisch-sensible und doch expeditionsfeste naturverbundene Lebensgefährtin ca. 30, die auch Kinder wünscht, aus Paritätsgründen: sehr klug, gut aussehend, verträglich, ernst, zuverlässig, natürlich, Persönlichkeit von besonderer Ausstrahlung; Künstlerin?

Lebenserfahrener Aussteiger aus akad. Beruf + Frühehe (Kinder erwachsen) mit über 40 TDM/a netto, Reserven, bester Altersversicherung, jungenhaft sportlicher blondmelierter glattrasierter 181/80 40er, frommer Heide. Unser Zweitsitz in D: Mein Studio-Apartment am [redacted]

Ruf aus dem sonnigen KALIFORNIEN!

Wer möchte mit mir ein vielseitiges, kreatives Leben, fin. gesichert und **IN HARMONISCHER PARTNERSCHAFT**, genießen? Haben Sie/Du **CHARME** und **FORMAT**, ± 30 J. Bitte schreib mit Bild! — Bin **DESIGNER** (Arch., Graph., Photogr.), selbständig, deutsch — doch weltoffen, sportlich, attraktiv, optimistisch, Anfang 40/1,70; da in USA lebend, ledig. It can be a start for a beautiful life. [redacted]

Als Start für eine dauerhafte Beziehung suche ich, Lehrer, 30, 1,93, schlk., eine gutaussehende u. selbständige Partnerin bis 30 für einen **Globetrott nach Süd-Ost-Asien,** Reisezeit ab Jan. 82. Bildzuschriften an [redacted]

Haben Sie auch schon mal ans „Aussteigen" gedacht? Verstehen Sie unter „Liebe" das, was z. B. bei Fromm zu lesen ist? Dann würde ich mich sehr freuen, wenn Sie ein wenig Zeit für mich hätten! Alter, Beruf etc. unwichtig! Ich: 39/1,63/51, verwitwet, wohne in der Lüneburger Heide und freue mich auf Ihre (Bild-)Zuschrift. [redacted]

Der ›Markt der Liebe‹ in der Statistik

Bunt wie das Leben selbst ist das Panorama der Heiratsanzeigen. Im Spiegel der Statistik erweist sich dies aufs neue. Hier geben die nüchternen Zahlen weitere Aufschlüsse, bisweilen überraschende Einsichten. Indem wir das Raster vielfältiger Inhaltsanalyse über die Annoncenseiten des ›Liebesmarktes‹ legen, gewinnen wir zuverlässige Daten, wie Menschen heute sich selbst sehen, sich selbst darstellen und — vor allem — welche Wünsche sie haben.

Gegenstand der statistischen Auswertung sind 1695 Heiratsanzeigen aus je drei Ausgaben deutscher Zeitungen des Sommers 1981. Zwei im ganzen Bundesgebiet und darüber hinaus verbreitete Blätter wurden herangezogen (›Frankfurter Allgemeine‹) und ›Die Zeit‹), und vier weitere große Zeitungen aus verschiedenen Himmelsrichtungen, aus dem Westen der Bundesrepublik Deutschland (›Rheinische Post‹), aus dem Norden (›Hamburger Abendblatt‹), dem Süden (›Süddeutsche Zeitung‹) und aus Berlin (›Berliner Morgenpost‹) decken nicht nur wichtige Regionen ab, sondern ergänzen darüber hinaus die beiden erstgenannten Blätter, deren Leserkreis einer kulturellen Oberschicht zuzurechnen ist, vor allem dadurch, daß in ihnen sämtliche Bevölkerungsschichten repräsentiert sind.

Der Begriff der Heiratsanzeige — hierüber hat der Statistiker vorab Auskunft zu geben — ist nicht so präzise zu fassen, wie es wünschenswert wäre. Darüber klagten schon jene Statistiker, die sich in den ersten Jahrzehnten unseres Jahrhunderts der Heiratsannonce annahmen. Sie hatten große Probleme, echte von unechten Anzeigen zu unterscheiden, weil es — vor allem um die Jahrhundertwende — Mode geworden war, sich der Heiratsanzeige auch zu anderen Zwecken zu bedienen — vor allem der Partnersuche ›für einen Sommer‹, die die Eheabsicht eben nicht mit einschloß. Um echte Ehegesuche von Partnerwünschen anderer Art abzugrenzen, ging man gar soweit, die Tatsache, ob

Angaben über Vermögensverhältnisse in den Inseraten enthalten waren, zum Kriterium zu erheben.

In dieser Form existiert das Problem, die Heiratsanzeige genauer zu definieren, heute nicht mehr, weil es jedermann, der nur eine Bekanntschaft auf Zeit sucht, durch die inzwischen eingerichteten separaten Spalten ›Bekanntschaften‹ (oder wie immer sie überschrieben sind) leicht möglich ist, einen nur daran interessierten Partner anzusprechen, ohne daß Mißbrauch mit einer Heiratsanzeige getrieben werden müßte. Doch hier gleich ein Einwand: Wie viele ›Bekanntschaftsanzeigen‹ führen tatsächlich dann doch zur Ehe? Und wie viele ›Heiratsanzeigen‹ bewirken andererseits nur eine kurzweilige Bekanntschaft? Trotzdem müssen wir für die Zwecke dieser Statistik die Bekanntschaftsanzeigen ausklammern und ihre erklärte Absicht ganz einfach den Mitmenschen, welche Anzeigen aufgeben, glauben, unabhängig vom Ausgang der Sache. Heiratsanzeigen sind aber immer Anzeigen, in denen erkennbar ein Eheangebot gemacht wird. Hierfür kann es genügen, daß eine Anzeige, selbst wenn sie nicht ausdrücklich von der Ehemöglichkeit spricht, unter der Rubrik ›Ehewünsche‹ erscheint, denn dies geschieht immer nur mit Willen des Inserenten.

Außer Betracht bleibt in diesen Statistiken auch die Diskussion darüber, was heute unter Ehe zu verstehen sei. Muß es der Trauschein sein? Ist nicht eine Partnerschaft, die man früher geringschätzig und diskriminierend eine ›wilde Ehe‹ nannte, manchmal haltbarer als eine formell abgesegnete Ehe, die schnell auch wieder vor dem Scheidungsrichter enden kann? Die wohl nie endgültig abzuschließende Diskussion über dieses Thema, das weit ins Kultur- und Sittengeschichtliche hineinreicht, muß hier unberücksichtigt bleiben. Anzeigen, die ›Wohngemeinschaft‹, ›dauernde Partnerschaft‹ und ähnliches anbieten, werden nicht als ›Heiratsanzeigen‹ im Sinne dieser Statistik gewertet, sonst wären die Grenzen allzu fließend.

Diesem Problem der Definition gehen manche Zeitungen aus

dem Weg, indem sie keinen Unterschied mehr zwischen Heirats- und Bekanntschaftsanzeigen machen, wie etwa die ›Rheinische Post‹, die — neben den Inseraten der Heiratsvermittler und den Gesuchen für Hobbypartner und Reisebegleitung — nur noch die beiden Spalten »Er sucht Sie« und »Sie sucht Ihn« kennt. Für unsere Untersuchung mußten jedoch die Anzeigen dieser beiden Spalten auseinandersortiert werden, in Heiratsanzeigen und andere Partnerschaftsanzeigen. Hierbei wurde so verfahren, daß jeder nicht klar als Heiratsanzeige erkennbare Anzeigentext ausgeschieden wurde. Dies kann zu Irrtümern führen, aber Statistiken leben ja bekanntlich auch davon, daß sie Irrtümer enthalten. Wenn diese sich in zumutbaren oder erwarteten Grenzen bewegen, ist das ein notwendiger Bestandteil, weil wir sonst alles wüßten; und das kann kein Mensch von sich behaupten — auch keine Statistik.

Nicht berücksichtigt werden in diesen Statistiken ferner all jene Heiratsanzeigen, die von berufsmäßigen Vermittlern aufgegeben wurden. Wir halten lediglich in einer Übersicht fest, wie hoch der Anteil dieser Anzeigen am Gesamtaufkommen der Heiratsanzeigen ist. Für die weitere statistische Auswertung können sie deshalb keine Rolle spielen, weil viele Kriterien, die in ihnen erscheinen, nicht auf persönliche Formulierung der Ehesuchenden zurückgehen. Im übrigen ist bei dieser Übersicht unter ›Gewerbliche Heiratsanzeigen‹ die Zahl der darin vorkommenden Einzelangebote zu verstehen.

Anzahl der ausgewerteten privaten Heiratsanzeigen

Frankfurter Allgemeine	134
Die Zeit	255
Rheinische Post	555
Süddeutsche Zeitung	199
Hamburger Abendblatt	321
Berliner Morgenpost	231
Gesamt:	1695

Vergleich private/gewerbliche Heiratsanzeigen

Private Heiratsanzeigen	1695	73,0%
Gewerbliche Heiratsanzeigen	625	27,0%
Gesamt:	2320	100,0%

Wer gibt Heiratsanzeigen auf?

Die statistische Auswertung lehrt, daß Heiratsanzeigen in der Regel ein ›verspäteter‹ Versuch sind, den Lebenspartner zu finden. Zwar wird heute — eine positive Folge unserer aufgeklärten Zivilisation — in allen Lebensaltern geheiratet, aber in dem breiten Spektrum der Heiratsanzeigen sind gerade jene Jahrgänge am wenigsten vertreten, von denen man gemäß der Lebenserfahrung annehmen darf, daß sie prädestiniert sind für Liebessuche, Liebeswünsche: nur 3,8 Prozent aller Inserenten sind bis zu 25 Jahre alt. Frauen und Männer halten sich dabei ungefähr die Waage. Wer sind diese Menschen? Einzelgänger mit Kontaktschwierigkeiten? Oder ist ihre örtliche Situation schuld an dem Problem, einen Partner zu finden? Oder geht ihr Anspruch über den gewohnten, vielleicht zu engen bisherigen Lebenskreis hinaus, wenn an Ehe, womöglich lebenslange Bindung an einen anderen Menschen gedacht wird? Die Statistik gibt darüber keine Auskunft, wir können lediglich zur Kenntnis nehmen, daß nur ein verschwindend kleiner Teil aller Inserenten diesen Jahrgängen entstammt.

Selbst die Altersgruppe jenseits des 50. Lebensjahres übertrifft mit 16,1 Prozent aller Inserenten noch erheblich die junge Generation mit ihrem mageren 3,8 Prozent-Anteil der bis zu 25 Jahre alten Heiratswilligen, die sich einer Zeitungsanzeige anvertrauen. Bei jenen Heiratslustigen im fortgeschrittenen Lebensalter sind dann die Frauen mit 9,3 Prozent aller Inserenten in der Überzahl gegenüber den Männern, die nur 6,9 Prozent aller Inserenten ausmachen. Sogar die Suche nach dem ganz späten neuen Eheglück jenseits des 60. Lebensjahres macht im Spiegel der Heiratsanzeige noch einen höheren Prozentsatz aus als die bei den jungen Leuten, nämlich genau 4,9 Prozent; hiervon stellen die Männer 2,2 Prozent und die Frauen 2,7 Prozent. Und immerhin noch ein Prozent all derjenigen, die eine Heiratsanzeige in die Spalten ihrer Zeitung einrücken lassen, sind über siebzig Jahre alt; zu 0,7 Prozent Männer und lediglich zu 0,3 Prozent Frauen.

Dreiviertel aller Inserenten befinden sich — soweit die eigenen Angaben Aufschluß geben — im Alter zwischen dem 26. und dem 50. Lebensjahr (genau 74,4 Prozent), hiervon 43 Prozent Männer und 31,4 Prozent Frauen. Der Schwerpunkt liegt in den Jahrgängen zwischen dem 36. und 40. Lebensjahr. Bei der Aufgliederung der Alterstabelle nach je fünf Geburtsjahrgängen fällt diese Spitzengruppe sofort auf: 24,1 Prozent der Männer und 21,7 Prozent der weiblichen Inserenten sind in diesem Alter, auf die Gesamtzahl der Inserenten umgerechnet sind das 23 Prozent, fast ein Viertel. Zahlenmäßig am stärksten differiert der Anteil von Männern und Frauen in der Gruppe der 56- bis 60jährigen Inserenten (nur 4,1 Prozent aller Männer, aber 8,4 Prozent aller Frauen) und in der Gruppe der 31- bis 35jährigen Inserenten (hier sind 10 Prozent der Männer anzutreffen, aber nur 6,6 Prozent der Frauen — Damen in diesem Alter werden wohl eher ohne Heiratsanzeige ›weggeheiratet‹).

Der geringe Teil von 5,7 Prozent aller Inserenten, die auf eine Altersangabe ganz verzichten oder zu unklare Angaben gemacht haben, als daß man sie in den jeweils um fünf Lebensjahre gestaffelten Gruppen hätte unterbringen können, spricht ebenfalls für sich. Zumeist handelt es sich um ›junge‹ Frauen, gelegentlich um Herren im ›reiferen‹ Alter, und was dergleichen Verlegenheitsangaben mehr sind, um die Wahrheit ein wenig zu vertuschen. Die meisten jedoch scheinen zu wissen, daß sie mit solch unpräzisen Angaben die erhoffte Reaktion nicht erreichen. Man muß halt sagen, wie alt man ist, Partnersuche ist nicht zuletzt davon abhängig. Nahezu 95 Prozent aller Inserenten beherzigen dies.

In der Gesamtzahl aller Inserenten haben die Männer gegenüber den Frauen einen Vorsprung von 8,6 Prozentpunkten: 54,3 Prozent derer, die in dem untersuchten Zeitraum ihr weiteres Schicksal einer Heiratsannonce anvertraut haben, sind Männer. Die Damenwelt stellt demgegenüber nur 45,7 Prozent der Inserenten.

Vergleiche mit der amtlichen Bevölkerungsstatistik für die Bundesrepublik Deutschland ermöglichen noch einige zusätzliche Einsichten. So herrscht jenseits des 50. Lebensjahres ein ganz erheblicher Frauenüberschuß — in unserer historischen Situation hauptsächlich bedingt durch die große Zahl der Gefallenen in den beiden Weltkriegen, aber auch durch die höhere Sterblichkeitsquote bei Männern verursacht, die sich schon bei jungen Jahrgängen (allerdings nur mit kleinen Überhängen) abzeichnet, vom 50. Lebensjahr an aber sprunghaft ansteigt, während bei den Frauen die Sterblichkeitskurve wesentlich flacher verläuft (im Alter zwischen 50 und 55 zum Beispiel sterben Männer und Frauen im Verhältnis 3:1, zwischen dem 56. und 60. Lebensjahr im Verhältnis 3,5:1). Beide Faktoren schlagen sich natürlich mit ganz erheblichen Werten in den Heiratsanzeigen nieder. Während die Männer in der Gesamtzahl der Inserenten überwiegen, sind jenseits des 50. Lebensjahres die Frauen in der Mehrheit: 9,3 Prozent der über 50jährigen Inserenten sind Frauen (anders gesagt: 20,4 Prozent aller weiblichen Inserenten!) und nur 6,9 Prozent Männer (12,6 Prozent der männlichen Inserenten). Wie sollen aber diese 6,9 Prozent Männer mit der Überzahl von 9,3 Prozent Frauen zurechtkommen? Vor allem kommt noch als weiterer gewichtiger Grund hinzu, daß von den 6,9 Prozent Männern ein Teil sich den Frauenjahrgängen zuwendet, die unterhalb der Schwelle dieses 50. Lebensjahres liegen: einmal, weil es schließlich allgemeine Praxis ist, daß ein Mann eine etwas jüngere Frau heiratet, zum anderen, weil nach traditioneller Ansicht die Frau jenseits des 45. oder gar des 50. Lebensjahres eben nicht mehr ganz dem entspricht, was sich männliches Urteil oder Vorurteil unter einer Frau so vorstellt, während ein Mann in diesen Jahren sich noch in den sogenannten ›besten‹ Jahren fühlt.

Es kommt hier nicht auf die Richtigkeit oder Nichtigkeit solcher Ansichten an, sondern darauf, daß diese Meinungen auch heute noch weitverbreitet sind und das Verhalten der Menschen bestimmen. Es darf daher als gesichert gelten, daß weibliche Inserenten jenseits des 50. Lebensjahres nur eine geringe Chance haben, mit Hilfe der Heiratsanzeige einen Partner zu finden, und zwar gleich aus mehreren gewichtigen Gründen.

Die Beliebtheit der Heiratsannonce aber läßt sich noch an einer anderen Zahl ablesen. Die am stärksten vertretene Inserentengruppe zwischen dem 36. und 40. Lebensjahr liegt ganz erheblich über dem Bevölkerungsdurchschnitt. Während 24,1 Prozent der männlichen Inserenten in diesem Altersabschnitt stehen, repräsentieren sie im Bevölkerungsdurchschnitt nur ganze 11,4 Prozent der Männer im heiratsfähigen Alter (vom 18. Lebensjahr an). Bei den Frauen ist es nicht viel anders. 21,7 Prozent der Inserentinnen sind zwischen 36 und 40 Jahre alt, die Geburtsjahrgänge dieses Altersabschnittes machen aber in der Bundesrepublik nur 9,2 Prozent aller Frauen im heiratsfähigen Alter aus (wiederum vom 18. Lebensjahr an gerechnet).

Natürlich muß man hier in Rechnung stellen, daß von den Männern dieser Jahrgänge 82,2 Prozent und von den Frauen 86,7 Prozent derzeit bereits verheiratet sind und nur noch der verbleibende Rest frei ist für eine Eheschließung: Von den Männern sind in diesem Alter 12,9 Prozent noch nie verheiratet gewesen, also ledig, 0,4 Prozent verwitwet und 4,5 Prozent geschieden. Bei den Frauen lauten die Vergleichszahlen: 6,6 Prozent ledig, 1,5 Prozent verwitwet und 5,2 Prozent geschieden. — Dennoch ist der enorm große Anteil dieser Jahrgänge beim Abfassen von Heiratsanzeigen im Vergleich zum Bevölkerungsdurchschnitt ein interessantes Faktum.

Zum Vergleich die Jahrgänge zwischen 18 und 30: Sie stellen, obwohl hier gleich zwölf Jahrgänge zusammengefaßt sind gegenüber sonst fünf, nur 15,3 Prozent aller Inserenten (16,9 Prozent der inserierenden Männer und 13,5 Prozent der Frauen sind in diesem Alter). In der Bevölkerungsstatistik sind diese Jahrgänge aber mit insgesamt 22,9 Prozent aller Heiratsfähigen vertreten (25,1 Prozent der heiratsfähigen Männer und 20,9 Prozent der heiratsfähigen Frauen). Wenn man weiter festhält, daß gegenüber der Gruppe der 36- bis 40jährigen Inserenten die Zahl der Unverheirateten, denen der Weg einer Heiratsannonce offenstünde, bei diesen Jahrgängen wesentlich höher liegt, so läßt sich anmerken, daß die Heiratsanzeige bis zum 30. Lebensjahr noch weitaus unbeliebter ist, als es der an sich schon bescheidene 15,3-Prozent-Anteil am Inserentenaufkommen aussagt. Eine natürliche Erscheinung, Jugend kennt zahllose andere Möglichkeiten der Kontaktaufnahme.

Alter und Geschlecht der Inserenten

Alter	% der Männer	% der Frauen	% aller Inserenten
bis 20	0,3	0,5	0,4
21 - 25	3,6	3,2	3,4
26 - 30	13,0	9,8	11,5
31 - 35	18,5	14,3	16,6
36 - 40	24,1	21,7	23,0
41 - 45	13,3	11,7	12,6
46 - 50	10,4	11,0	10,7
51 - 55	4,6	6,1	5,2
56 - 60	4,1	8,4	6,0
61 - 65	1,1	3,3	2,1
66 - 70	1,6	2,1	1,8
71 - 75	0,5	0,4	0,5
über 75	0,7	0,1	0,5
ohne Angabe	4,2	7,4	5,7
	100,0	100,0	100,0

Ein — man möchte fast sagen erschreckend hoher — Teil aller Inserenten verweigert die Angabe über den eigenen Familienstand. Obwohl es für den Leser von Heiratsannoncen als Vorabinformation durchaus wichtig ist zu erfahren, ob der Mensch, der da in dieser oder jener Anzeige einen Partner sucht, nun bisher unverheiratet war, ob er geschieden ist oder verwitwet, machen 68,6 Prozent sämtlicher Inserenten keine Angaben hierzu. Davon sind 38,6 Prozent Männer und 30 Prozent Frauen. Während alles Mögliche über eigene und beim Partner ersehnte Eigenschaften, über Beruf und Alter gesagt wird, schweigen zu diesem Punkte mehr als zwei Drittel der sonst oft so wortreichen Inserenten. Eine solch hohe Dunkelziffer verleitet aber zu Mutmaßungen. Drei Gründe mögen es hauptsächlich sein, die Ursache für dieses Schweigen sind, — wenn man zunächst nur das Defizit in der Statistik sieht, dieses dunkle Loch bei den Aussagen zur eigenen Person, ohne zusätzliche Ermittlungen zum näheren Sachverhalt.

Zuerst könnten die jüngeren Jahrgänge es als selbstverständlich voraussetzen, daß keine Angabe soviel heißt wie ledig, unverheiratet. Dem steht freilich gegenüber, daß die jungen Leute, auch wenn man hier die Altersgrenze bis zum 30. Lebensjahr hinaufsetzen würde, nur einen Bruchteil aller Inserenten ausmachen. Und auf Frühehen folgen nicht selten schnelle Ehescheidungen, also darf man auch hier öfter als Familienstand ›geschieden‹ annehmen. Den größten Teil der Dunkelziffer beschlagnahmen aber wohl die Geschiedenen insgesamt, und man kann hier gleich zwei Gruppen unterscheiden: Einmal diejenigen, die sich genieren, das zuzugeben und die einen Nachteil befürchten, wenn sie dieses persönliche Mißgeschick, das ihnen widerfuhr, im voraus bekanntgeben. Zum anderen darf man in Rechnung stellen, daß zunehmend mehr Ehewillige bereit sind, einen Geschiedenen zu heiraten — eine Folge der weitreichenden Liberalisierung überkommener Normen; in diesem Sinne halten es vielleicht viele Inserenten wenn nicht für nebensächlich, so doch für im Grunde zweitrangig, ob der künftige Partner bereits »eheerfahren« ist, wie der neue Terminus für diesen Zustand lautet. Wichtiger sind die Eigenschaften, der Beruf und das Alter des neuen Partners, und in manchen Fällen — etwa wenn man selbst geschieden ist — wünscht man sich sogar ausdrücklich einen geschiedenen Partner oder läßt wissen, daß dies kein Hindernis sei, was auf dasselbe hinauskommt. Nur 0,5 Prozent aller ehesuchenden Inserenten lehnen ausdrücklich einen geschiedenen Partner ab (»geschieden zwecklos« — Bei den Männern sind es 0,8 und bei den Frauen 0,3 Prozent). Zu diesen hinzurechnen muß man noch einen nicht genau zu ermittelnden Anteil der Inserenten, die zwar nicht den Sperrvermerk »geschieden zwecklos« anbringen, aber durch betonte Angabe einer Konfessionszugehörigkeit durchblicken lassen, daß sie ebendies denken. Bei der extrem niedrigen Anzahl von Angaben zur Religion, in der Selbstdarstellung wie bei den Wünschen, und der zunehmend differenzierter werdenden Denkweise religiös Gebundener in Sachen Ehescheidung und Wiederverheiratung dürften aber auch von dieser Seite nicht allzu viele Pluspunkte hinzukommen, um jene 0,5 Prozent wesentlich aufzubessern.

Den Anteil der Verwitweten an der Dunkelziffer der fehlenden Angaben zum Familienstand darf man dagegen gering veranschlagen. Den Ehepartner durch Tod verloren zu haben, ist kein Makel. Und für diejenigen, die Wert darauf legen, einen lebenserfahrenen Partner zu finden, ist der Witwer oder die Witwe sicher nicht die schlechteste Partie.

In der Gruppe derer, die Angaben zum Familienstand machen, stehen die Geschiedenen mit 12,7 Prozent an der Spitze, 6,9 Prozent davon sind Männer, 5,9 Prozent Frauen. Dicht darauf folgen die Verwitweten mit insgesamt 12,3 Prozent, hiervon 4 Prozent Männer und 8,3 Prozent Frauen. Wo bleibt das eine fehlende Prozent bei den geschiedenen Frauen, im Vergleich zu den Männern, die sich als geschieden bekennen? Es ist offensichtlich in die Dunkelziffer gerutscht; es gibt mehr Frauen als Männer, die sich genieren, so was zuzugeben — während die verwitweten Frauen es sich geradezu zur Ehre gereichen lassen, ihren Familienstand anzugeben, ja dies in manchen Fällen sogar ausdrücklich als Grund dafür nennen, daß sie eine Heiratsanzeige aufsetzen ließen. Überdies gibt es nach der Bevölkerungsstatistik mehr Witwen als Witwer; aber für die Mentalität der Inserenten, dafür, was man in einer Heiratsanzeige gerne sagt und was man lieber verschweigt, spielt letzteres sicher keine Rolle.

Nur 6,4 Prozent aller Inserenten geben sich als bisher unverheiratet zu erkennen, 4,8 Prozent Männer und nur 1,5 Prozent Frauen. Ist der große Liebesmarkt der Heiratsanzeigen also eine Domäne der schon einmal (oder gar mehrmals) verheiratet Gewesenen? Ähnlich wie bei dem eklatanten Mißverhältnis der Altersgruppen erhalten wir eine zweite entscheidende Antwort auf die Frage, wer Heiratsanzeigen aufgibt. Selbst den vermuteten Anteil der Ledigen an der Dunkelziffer zur Personenbestandsangabe einkalkuliert und im übrigen zunächst nur auf die statistische Auswertung der Eigenangaben in den Heiratsanzeigen gestützt, darf man dennoch als sicher annehmen, daß die ›Eheerfahrenen‹, gleichgültig ob geschieden oder verwitwet, in einem Ausmaß bis zu 90 Prozent den großen Markt der Liebeswünsche in den Heiratsanzeigen beherrschen. Denn, wie schon am Beispiel der Jahrgänge gezeigt, die am stärksten als Inserenten von Heiratsanzeigen vertreten sind, kann eben nur ein sehr schmaler Teil der Bevölkerung überhaupt hierfür in Frage kommen, da ausweislich der Bevölkerungsstatistik über 80 Prozent dieser Jahrgänge schon in einer Ehe leben und deshalb für die Ermittlung ausscheiden. Die hohe Dunkelziffer muß also im wesentlichen aus dem Kreis der ›Eheerfahrenen‹ gespeist werden.

Zum weiteren Vergleich und zur Erhärtung des Gesagten noch einmal einige Zahlen aus dem Statistischen Jahrbuch für die Bundesrepublik Deutschland: Von der Gesamtbevölkerung sind 1980 49,4 Prozent als verheiratet, 39,6 Prozent als ledig, 8,5 Prozent als verwitwet und 2,5 Prozent als geschieden aufgeführt (die enorm hohe Zahl von Wiederverheiratungen Geschiedener hält diese letzte Zahl so niedrig). — Von den insgesamt 50,6 Prozent Unverheirateter, die theoretisch Heiratsanzeigen aufgeben könnten, sobald sie das heiratsfähige Alter erreicht haben (und bis ins hohe Alter hinein), kommt jedoch nur ein sehr kleiner Teil des Publikums, aus dem diese Anzeigen stammen.

Wenn bis zu 90 Prozent der Anzeigen aus dem Kreis der schon einmal verheiratet Gewesenen herrühren, bedeutet dies, daß der allergrößte Teil der Heiratsanzeigen aus einem Umfeld kommt, hinter dem lediglich 11 Prozent der Bevölkerung stehen. — Was nicht ausschließt, daß der Kreis der Leser von Heiratsanzeigen erheblich größer ist und weit über dieses für eine bereitwillige Aufnahme von Heiratsanzeigen prädestinierte Umfeld hinausreicht, denn die Sonntagslektüre der kleinen Texte in unseren Zeitungen bleibt nun einmal eine höchst unterhaltsame Sache, auch für sehr viele andere Mitmenschen.

Familienstand der Inserenten

	% der Männer	% der Frauen	% aller Inserenten
ledig	8,9	3,3	6,4
geschieden	12,6	12,8	12,7
verwitwet	7,4	18,2	12,3
ohne Angabe	71,1	65,7	68,6
	100,0	100,0	100,0

Die Staatsangehörigkeit ist eigentlich kein Thema in Heiratsanzeigen. Während nur 0,1 Prozent aller Inserenten einen ausländischen Partner ablehnen und 1,1 Prozent einen ausländischen Partner ausdrücklich wünschen oder tolerieren — keine Zahlen also, die auf dem ›Liebesmarkt‹ irgendwie ins Gewicht fielen —, finden sich unter den Inserenten selbst ganze 3 Prozent Ausländer (bei einem Bevölkerungsanteil von knapp 6,8 Prozent). Aber auch von dieser Zahl muß man Abstriche machen. Zum Beispiel ist ein in München lebender Österreicher, der eine Heiratsanzeige aufgibt und seine Staatsangehörigkeit darin vermerkt, für eine süddeutsche Frau in diesem Sinne durchaus kein Ausländer, sondern ihr vielleicht — oder sogar sicher — in Mentalität und Sprache näher als ein noch so sympathischer Landsmann aus Flensburg, Hamburg oder Berlin, der einen deutschen Paß besitzt. Und eine hübsche Schweizerin aus dem benachbarten Basel vermag das Herz eines Badeners sicherlich ebensosehr zu erfreuen wie eine kesse Kölnerin. Man kann die Reihe solcher Beispiele beliebig fortsetzen.

Ein Inder oder Schwarzafrikaner dagegen ist weder mit einem Bundesdeutschen noch mit einem Österreicher oder Schweizer so leicht zu vergleichen. Bei einem unwesentlichen Anteil der nicht deutschsprechenden Ausländer(innen) an den genannten 3 Prozent — es wurden aber aus statistischen Gründen auch diese in einen Topf mit den ›deutschen‹ Ausländern geworfen, da die Abgrenzungen fließend sind, denke man nur an den Fall eines Deutschamerikaners mit US-Paß — darf man das Thema Staatsangehörigkeit getrost nur als Arabeske am Rande zeichnen. Erfreulich immerhin, daß die Deutschen, folgt man den Angaben in den Heiratsanzeigen, sich nur zu dem unbedeutenden Anteil von 0,1 Prozent ausdrücklich weigern, einen ausländischen Partner, wo immer er herstamme, zu akzeptieren.

Ausländer

	% der Männer	% der Frauen	% gesamt
ausländische Inserenten	4,2	1,6	3,0
von deutschen Inserenten: "Ausländer(in) erwünscht" o.ä.	1,4	0,7	1,1
von deutschen Inserenten: "Ausländer(in) unerwünscht" o.ä.	0,2	-	0,1

In der Selbstdarstellung der Frauen, soweit es die äußere Erscheinung betrifft, gibt es drei vorrangige Dinge, und zwar in dieser Reihenfolge: gutes bzw. sehr gutes Aussehen (43,8 Prozent), Schlankheit (41,7 Prozent) und die Haarfarbe (30,5 Prozent). Vergleicht man hiermit die Wünsche der Männer, ergibt sich ein arges Mißverhältnis — oder man darf, anders ausgedrückt, die Vermutung aussprechen, daß Frauen darüber, was Männer sich vor allem von ihnen erträumen, nicht ausreichend informiert sind.

Natürlich hat — zu Punkt 1 — kaum ein Mann etwas gegen eine gutaussehende oder gar attraktive Frau. Entscheidend ist nur, wie die Männer sich eine mögliche Ehefrau vorstellen und was ihnen bei ihr das Wesentliche ist. Dem Angebot von 43,8 Prozent gut oder sehr gut aussehender Frauen steht nur eine Nachfrage von 16,5 Prozent gegenüber! Die übrigen Männer legen nicht ausdrücklich Wert darauf.

Bei dem Schlankheitsproblem — man darf sagen »Problem«, da Schlanksein nach wie vor als Schönheitsideal gilt, viele Frauen sich aber nur unter größten Entsagungen diesem Ideal annähern können — ist der Unterschied zwischen weiblicher Selbstdarstellung und männlichen Wünschen noch krasser. Während 41,7 Prozent der Frauen sich als schlank bezeichnen, unter wievielen Mühen dies auch immer erreicht wurde, bestehen nur ganze 9,9 Prozent der Männer auf einer schlanken Frau! »Warum also soviel hungern, meine Damen?« könnte man fragen. Die überwiegende Mehrzahl der Männer möchte auch etwas zum Anfassen haben, scheint die Statistik, das weibliche Schönheitsideal glatt verleugnend, auszusagen. Das heißt ja nicht gleich, daß die Männer von heute nur dicke Frauen mögen würden. Dazwischen gibt es zahllose (interessante) Varianten, für jeden Geschmack etwas. In Abrede gestellt werden soll damit auch keinesfalls, daß die Qualität einer partnerschaftlichen Bindung oder einer Ehe durchaus von dem Wohlgefallen an der äußeren Erscheinung des anderen mit bestimmt wird — solches trägt sicher zur Stabilität der Verbindung bei. Ist, unter diesem Gesichtspunkt — und da laut Statistik nur so wenige Männer ausgesprochen schlanke Frauen wünschen — das Vorhandensein allzu vieler schlanker Frauen ein Unglück (für die Männer)? Vier zu eins ist das Verhältnis von Angebot und Nachfrage jedenfalls bei schlanken Frauenfiguren.

Ganz kurios geht es zu bei der in der Selbstdarstellung der Frauen auf Platz 3 rangierenden Angabe zur eigenen Haarfarbe. Man fragt sich zunächst verwundert, was das überhaupt soll. Von den Extremen abgesehen, die eine besondere Nennung rechtfertigen: eine weißblonde Mähne oder ein tiefschwarzer Wuschelkopf, und die sind selten genug, changieren die allermeisten Schöpfe hierzulande in einem Mittelton, der mit den verschiedensten Vokabeln benannt wird. Zudem ist das Haarefärben ein beliebter weiblicher Sport, manchmal zum Gefallen der Männer, meist aber wohl zur Steigerung eigener Lebensfreude betrieben — nichts dagegen einzuwenden, es soll damit nur gesagt werden, daß die Haarfarbe heute oft genug nur das Produkt einer Schönheitsphantasie ist. Dennoch halten es über 30 Prozent aller Frauen für wichtig, die eigene Haarfarbe in der Heiratsanzeige anzugeben. Dem steht eine äußerst dürftige Nachfrage aus der Herrenwelt nach einem bestimmten Haartyp gegenüber: nur 1,6 Prozent aller Männer äußern hier bestimmte Wünsche. . .

Nun sind die Männer auch nicht frei von Eitelkeiten und Irrtümern. Ihre Selbstdarstellungen entsprechen ebensowenig der Priorität weiblicher Wünsche wie umgekehrt, oder, vielleicht darf man dies bei näherer Betrachtung der Statistik eher vermuten: die Frauen halten insgesamt die äußere Erscheinung des (Ehe-)Partners für nicht so entscheidend, wenn er nur sonst alle guten Eigenschaften hat. Lediglich 22,4 Prozent aller Frauen äußern überhaupt Einzelwünsche, wie der künftige Partner äußerlich beschaffen sein soll. Diese Zahl von 22,4 Prozent verringert sich, auf die Gesamtzahl der Frauen bezogen, noch um etliche

Punktzahlen, wenn man berücksichtigt, daß auch Mehrfachnennungen in dieser Zahl 22,4 enthalten sind (»gutaussehender, schlanker, sportlicher Herr, möglichst dunkelhaarig« z.B. gesucht, also vier Angaben bei einer Inserentin).

Bei den Männern spielt die Vorstellung, wie die Partnerin äußerlich beschaffen sein sollte, schon eine etwas größere Rolle. Immerhin legen 33,9 Prozent der Männer Wert auf solche Einzelangaben — wiederum Mehrfachnennungen einkalkuliert, so daß auch in diesem Fall die tatsächliche Zahl derer, die spezielle Wünsche äußern, niedriger anzusetzen ist. Sind also hinsichtlich ihrer Wünsche Männer wie Frauen letztlich doch Realisten? Denn die übergroße Mehrzahl aller Inserenten macht den genannten Zahlen zufolge überhaupt keine Angaben zum äußeren Erscheinungsbild des Wunschpartners, sondern läßt sich von der ersten persönlichen Begegnung überraschen, um dann — jenseits noch so klangvoller Worte — den eigenen Geschmack auf die Probe zu stellen.

Aber dennoch hier die Männer in ihrer Selbstdarstellung: Im Vergleich zu den Frauen lassen sie sich weniger oft zur Selbstbeschreibung herbei. Sie sind da hilfloser als das weibliche Geschlecht. Mit bescheidenen 21,4 Prozent steht bei ihnen auf Platz 1 die Aussage, sie seien schlank. Und 17,1 Prozent der Herren behaupten von sich, gut oder sehr gut auszusehen. Auf Platz 3 folgt dann mit 15 Prozent der Hinweis, man sei ein »sportlicher Typ« oder dergleichen.

Diese Selbstdarstellungen und die ihnen gegenüberstehenden Wünsche seitens der Frauen passen ähnlich schlecht zusammen wie beim vorherigen Vergleich die weiblichen Selbstdarstellungen mit den männlichen Wünschen. Zu den 21,4 Prozent schlanker Männer gesellen sich nur 3,4 Prozent der Frauen, die partout einen schlanken Mann haben wollen. Und den 15 Prozent sportlicher Typen unter den Männern steht nur eine weibliche Nachfrage in Höhe von 4,8 Prozent gegenüber. Etwas besser fällt lediglich der Vergleich aus zwischen den nach eigenen Angaben gut oder sehr gut aussehenden Männern mit 17,1 Prozent und der entsprechenden Nachfrage aus der Frauenwelt in Höhe von 9,2 Prozent.

»Vollschlank« sind, würde man die Angaben in den Heiratsanzeigen auf den Bevölkerungsdurchschnitt hochrechnen, nur 1,1 Prozent der deutschen Männer und nur 3,7 Prozent der deutschen Frauen. Ganz offensichtlich wird also bei diesem für viele Zeitgenossen recht heiklen Thema kräftig gelogen, zumindest aber etwas verschwiegen, was auf dasselbe hinauskommt. Gar als korpulent oder dick (»Rubensfigur«) geben sich nur 0,3 Prozent der Männer und 1,2 Prozent der Frauen zu erkennen. Besser ziehen sich da noch jene gut 65 Prozent aller Inserenten aus der Affäre, die überhaupt keine Mitteilung zu diesem kritischen Punkt machen. Sie sind nicht schlank, nicht vollschlank, nicht dick, sie sind ganz einfach so, wie sie sind: beim persönlichen Kennenlernen wird der Antwortschreiber dann schon seine Überraschung erleben, eine angenehme, eine unangenehme, wer weiß. Sicher scheint nur das eine: diese 65 Prozent sind repräsentativer für den Bevölkerungsdurchschnitt als jene, die sich zu gewagten Aussagen versteigen. Denn, um nur eine Zahl herauszugreifen, es läßt sich ja wohl schwerlich behaupten, daß 41,7 Prozent unserer Frauen im eigentlichen Wortsinne schlank wären. Man braucht nur eine Viertelstunde lang über eine belebte Straße zu gehen, um sich vom Gegenteil zu überzeugen.

Daß sich auf dem weiten Feld der Heiratsanzeigen auch solche von Behinderten finden, wundert keineswegs. Denn sie haben es am schwersten, einen Lebenspartner zu finden. Häufig akzeptieren sie deshalb als Partner einen ebenfalls Behinderten, bei dem sie mehr Verständnis für ihre Situation erwarten — und wohl auch, weil ein Nichtbehinderter sich in der Regel kaum entschließt, einen Behinderten zu heiraten. Daß Männer hinsichtlich des letzteren optimistischer sind als Frauen, ergibt sich daraus, daß zwar 1,5 Prozent der Männer sich als Behinderte zu erkennen geben, nur jeder Dritte von ihnen aber eine Behinderte als Partnerin wünschen oder tolerieren würde. Die behinderten

Frauen, welche eine Heiratsanzeige aufgeben (0,6 Prozent aller Inserenten), sind dagegen zum überwiegenden Teil bereit, einen Behinderten als Lebenspartner zu akzeptieren. Nur jede Sechste möchte es nicht. Sicher kommt es hier aber jeweils auf den Einzelfall an, auf die Art der Behinderung, um herauszufinden, ob eine partnerschaftliche Ergänzung und gegenseitige Lebenshilfe möglich ist.

Die äußere Erscheinung

	% der Männer Selbstdarstellung	% der Männer Wünsche	% der Frauen Selbstdarstellung	% der Frauen Wünsche	% aller Inserenten Selbstdarstellung	% aller Inserenten Wünsche
schlank	21,4	9,9	41,7	3,4	31,6	6,7
vollschlank	1,1	0,8	3,7	0,3	2,4	0,6
korpulent, dick	0,3	0,1	1,2	-	0,8	0,1
Gewichtsangabe	13,6	-	13,0	-	13,3	-
gutaussehend u.ä.	15,4	10,5	33,2	8,4	24,3	9,5
attraktiv u.ä.	2,0	6,0	10,6	0,8	6,6	3,4
sportlicher Typ, sportlich-elegant	15,0	2,0	13,4	4,8	14,2	3,4
mit Bart	2,1	-	-	0,4	-	-
guter Gesundheitszustand	3,2	0,4	1,7	0,9	2,5	0,7
Körperfehler, behindert	1,5	0,5	0,6	0,5	1,1	0,5
jünger wirkend, jugendlich	3,7	0,1	5,8	0,3	4,8	0,2
mädchenhaft	-	1,6	5,8	-	-	-
Angaben zur Haarfarbe	6,3	1,6	30,5	1,6	18,4	1,6
Angaben zur Augenfarbe	0,9	0,4	2,1	1,0	1,5	0,7

Gemessen an den besonderen Problemen Behinderter, seien sie von Geburt an, infolge eines Unfalls oder wie viele der älteren Generation infolge des Krieges behindert, nimmt sich das jetzt in Rede stehende ›Problem‹ geradezu lächerlich aus, wenn es auch für viele Beteiligte erstaunlich bedeutsam zu sein scheint. Gemeint ist die Körpergröße, die eigene, aber vor allem auch die des Wunschpartners. Jene 54,8 Prozent der Männer und 60,8 Prozent der weiblichen Inserenten, die lediglich die eigene Körpergröße angeben, vertrauen wohl darauf, daß sich nur ›entsprechende‹ Partner melden. Eine gewisse Toleranz wird von den Inserenten bei den Antwortschreibern vorausgesetzt. Dies gilt in noch stärkerem Maße für die 38,9 Prozent der Männer und die 19,1 Prozent der Frauen, die überhaupt keine Angaben zur Körpergröße machen, weder zur eigenen noch zu der des Wunschpartners.

Sehr genaue Vorstellungen über die Körpergröße des gesuchten Partners haben dagegen 6,3 Prozent der Männer und 20,1 Prozent der Frauen. Für die Damen ist dies also offenbar ein größeres Problem, sie mögen in aller Regel keinen körperlich kleineren Partner. Warum? Spielt hier unserer ganzen hochgelobten Zivilisation zum Trotz ganz urtümliches biologisches Denken mit? Der Mann als Beschützer muß dies auch äußerlich dokumentieren durch die — möglichst vielen — Zentimeter, die er größer ist? Und will die Frau zum geliebten Mann ›aufschauen‹, muß der Mann ihr diese Möglichkeit auch rein äußerlich bieten? Genau 15,3 Prozent aller Frauen wünschen sich ausdrücklich einen körperlich größeren Partner: bis zu 15 Zentimeter Unterschied werden gefordert. Die Männer wollen diese ›große‹ Rolle dagegen nicht allzu gern spielen. Nur 4,4 Prozent erhoffen sich ausdrücklich eine kleinere Partnerin. Auch hier gehen die Wünsche dann allerdings bis zu 15 Zentimetern Größenunterschied. Der umgekehrte Fall — kleiner Mann, große Frau — ließ sich dagegen in den Heiratsanzeigen nicht als erstrebenswertes Ziel feststellen.

Angaben zur Körpergröße

	% der Männer	% der Frauen
Nur Angaben über die eigene Größe	54,8	60,8
Nur Angaben über den Wunschpartner	1,9	4,8
Angaben über beide Größen	4,4	15,3
dabei erwünschte Größenunterschiede:		
bis 5 cm kleiner	1,9	-
bis 10 cm kleiner	1,9	-
bis 15 cm kleiner	0,4	-
über 15 cm kleiner	0,2	-
bis 5 cm größer	-	5,4
bis 10 cm größer	-	7,4
bis 15 cm größer	-	1,8
über 15 cm größer	-	0,7
Insgesamt wünschen sich		
kleinere Partner	4,4	-
größere Partner	-	15,3
Ohne Angaben	38,9	19,1

Vergleichbar mit der Frage der erwünschten Körpergröße beim Partner ist die des Altersunterschiedes, die die Inserenten in ihren Anzeigen ansprechen. Nur, daß hierbei eine bessere Kongruenz zwischen den Wünschen der beiden Geschlechter erreicht wird. Aus allen Altersgruppen addiert, wünschen sich 18,2 Prozent der Frauen einen Partner, der ihnen an Lebensjahren etwas oder auch viel voraus hat, und 18,7 Prozent der Männer äußern in fast genauer Übereinstimmung den Wunsch nach einer jüngeren Partnerin.

Differenzierter betrachtet, das heißt aufgegliedert nach Alterswünschen von je fünf Jahren Unterschied, gibt es allerdings diese nahezu völlige Übereinstimung, wie sie die beiden Gesamtzahlen ausweisen, nicht mehr. Vielmehr tun sich da beachtliche Meinungsverschiedenheiten zwischen den Geschlechtern auf, wie die Tabelle nachweist.

Ungefähr Dreiviertel aller Männer und Frauen, die Heiratsanzeigen abfassen, machen keine präzisen Vorgaben, um wieviele Jahre der Wunschpartner älter oder jünger sein soll. Was nicht heißt, daß diese Mehrheit keine Vorstellungen dazu hätte. Aber man denkt nicht an einen extremen Altersunterschied — sonst würde man es sagen —, sondern eher an einen ›normalen‹, was immer dies auch im Einzelfall heißen mag. Sicher ist es nicht falsch, bei dieser schweigenden Mehrheit die traditionelle Vorstellung zu vermuten, die von einem geringen Altersvorsprung des Mannes gegenüber der Frau ausgeht.

Altersunterschiede

Folgende Altersunterschiede werden beim Partner akzeptiert oder gewünscht von:

	% der Männer	% der Frauen	% aller Inserenten
bis 5 Jahre jünger	5,3	1,6	3,5
bis 10 Jahre jünger	7,7	0,3	4,0
bis 15 Jahre jünger	4,5	0,1	2,3
bis 20 Jahre jünger	0,7	-	0,3
über 20 Jahre jünger	0,5	-	0,3
bis 5 Jahre älter	3,2	7,6	5,4
bis 10 Jahre älter	1,0	7,7	4,3
bis 15 Jahre älter	-	1,6	0,8
bis 20 Jahre älter	-	0,7	0,4
über 20 Jahre älter	-	0,7	0,3
gleichaltrig gewünscht	2,4	1,7	2,0
jüngerer Partner akzeptiert (gesamt)	18,7	2,0	10,4
älterer Partner akzeptiert (gesamt)	4,1	18,2	11,2
Ohne Angaben	74,7	78,0	76,4

Knapp Zweidrittel der Männer und die Hälfte aller Frauen machen Angaben über den eigenen Beruf. Jedoch mehr als 95 Prozent aller Inserenten äußern keine bestimmten Wünsche über den Beruf des Partners. Nicht einmal eine ganz allgemein formulierte »gute Position« oder eine »sehr gute« wird von einer nennenswerten Anzahl von Inserenten beim Wunschpartner vorausgesetzt; es sind ganze 3,4 Prozent, die solches erwarten. Ist dies als ein Sieg des persönlichen Empfindens über das materielle Denken zu werten? In die Richtung zielt solche Tendenz, das ist klar, nur wissen wir nicht, wie hoch der Anteil derer ist, die zwar nichts über Berufswünsche sagen, aber dennoch genaue Vorstellungen haben, zu welcher Berufsgruppe zum Beispiel der Wunschpartner auf keinen Fall gehören sollte, oder die ganz einfach erwarten, daß sich nur solche Personen melden, deren Beruf halbwegs mit dem in der Anzeige genannten eigenen harmoniert; also doch eine Auswahl.

In den Angaben zur Selbstdarstellung nimmt eine Berufsgruppe klar den ersten Platz ein, bei Männern wie bei Frauen. Es sind die Angestellten mit 9,5 Prozent bei den männlichen Inserenten und 10,9 Prozent bei den Frauen (hier die in der Tabelle separat genannten Sekretärinnen hinzugerechnet). Bei den Männern folgen dann fast platzgleich mit 6,3 Prozent die selbständigen Kaufleute und mit 6,2 Prozent die Beamten. Besonders anzeigenfreudig sind (auf Platz 4) noch die Ingenieure mit 5,1 Prozent aller männlichen Inserenten. Unter den Frauen ist die zweitgrößte Gruppe die der Lehrerinnen mit einem 6,5 Prozent-Anteil, gefolgt auf Platz 3 von den Sozial- und Pflegeberufen mit 3,6 Prozent aller weiblichen Inserenten und auf Platz 4 mit 3,1 Prozent von den selbständigen Kauffrauen, wie das in manchen Männerohren schrecklich klingende Wort für weibliche Kaufleute heißt. Bei dieser Rangliste sind die Rentner und Rentnerinnen ausgeklammert.

Die Tendenz bestätigend und fortsetzend, daß bei den meisten Inserenten Persönliches für eine Eheschließung wichtiger ist als Beruf und gute Position, präsentieren sich die Zahlen über die Vermögensverhältnisse. 80,1 Prozent aller Inserenten machen hierzu keine Eigenangaben, und sogar 93,5 Prozent äußern keine Wünsche, in welchen Vermögensverhältnissen sich der Partner befinden sollte. Die Differenz zwischen Männern und Frauen ist hier nur geringfügig.

Im einzelnen betrachtet, befinden sich von dieser Minderheit, die überhaupt Angaben macht, 5,5 Prozent in einfachen Verhältnissen, 11,5 Prozent rechnen sich zum Mittelstand, was zum Beispiel durch den Besitz eines Haus- oder Wohnungseigentums ausgewiesen wird, und ganze 2,9 Prozent bezeichnen sich als vermögend (natürlich auch ein etwas unklarer Begriff, solange keine konkrete Aussage dahintersteckt, was in Heiratsanzeigen äußerst selten ist).

In früheren Zeiten legte man großen Wert darauf, daß der Ehepartner aus möglichst »guter Familie« stammte. Auch dieses Relikt aus der Frühzeit der Heiratsanzeige findet nur noch sehr wenige Freunde. Was ist eine »gute Familie«? Immerhin glauben noch 3,6 Prozent aller männlichen Inserenten aus einer solchen zu stammen, und hiermit konform suchen auch 3 Prozent der Männer eine Partnerin, die ihren eigenen Kreisen entstammt, also aus »guter Familie« ist. Die Frauen sind da noch etwas ehrgeiziger in den Selbstangaben: 5,4 Prozent von ihnen rühmen sich dieser Herkunft (allerdings nur 1,8 Prozent verlangen sie bei ihrem Partner).

Die Vermögensverhältnisse

	% der Männer Selbstdarstellung	% der Männer Wünsche	% der Frauen Selbstdarstellung	% der Frauen Wünsche	% aller Inserenten Selbstdarstellung	% aller Inserenten Wünsche
In einfachen Verhältnissen lebend	5,1	0,3	5,9	0,5	5,5	0,4
Mittelstand (z.B. Eigentumswohnung)	11,3	3,4	11,6	5,9	11,5	4,8
vermögend	2,2	1,0	3,6	1,9	2,9	1,5
ohne Angaben	81,4	95,3	78,9	91,7	80,1	93,5

›Aus guter Familie‹

	Selbstdarstellung	Wünsche
% der Männer	3,6	3,0
% der Frauen	5,4	1,8
% aller Inserenten	4,5	2,4

Berufe

	% der Männer Selbstdarstellung	% der Männer Wünsche	% der Frauen Selbstdarstellung	% der Frauen Wünsche	% aller Inserenten Selbstdarstellung	% aller Inserenten Wünsche
Arbeiter	1,1	-	0,3	0,1	0,7	0,1
Angestellte	9,5	-	6,5	0,5	7,9	0,3
Sekretärin	-	-	4,4	-	-	-
Beamte	6,2	-	0,9	1,0	3,5	0,5
Unternehmer	3,5	-	1,6	0,4	2,5	0,2
Selbst. Kaufleute	6,3	0,3	3,1	0,7	4,6	0,5
Lehrer	3,2	0,2	6,5	0,4	4,8	0,3
Mediziner	2,1	0,4	2,7	1,0	2,3	0,7
Juristen	0,4	-	0,7	-	0,5	-
Architekten	1,5	-	0,1	-	0,7	-
Bauern	0,2	0,1	-	-	0,1	0,1
Handwerker	2,8	-	-	0,7	1,3	0,4
Wissenschaftler	1,5	-	0,5	0,7	0,9	0,3
Künstler	2,0	0,2	2,1	0,5	2,0	0,4
andere freie Berufe	2,1	-	2,7	0,4	2,3	0,2
Sozial-/Pflegeberufe	0,4	-	3,6	0,1	1,9	0,1
Techniker	2,7	-	0,3	0,3	1,4	0,2
Ingenieure	5,1	-	-	0,1	2,5	0,1
Theologen	0,2	-	-	-	0,1	-
Studenten	1,7	-	1,3	-	1,4	-
Hausfrauen	-	-	0,4	-	-	-
sonstige Berufe	3,5	-	3,0	-	3,2	-
ohne Beruf	-	-	0,5	0,1	0,2	0,1
Rentner	6,3	0,4	9,0	1,0	7,6	0,7
ohne Angabe	37,7	98,4	49,8	92,0	43,8	95,2
in guter Position	5,6	-	3,4	5,4	4,5	2,7
in Spitzenposition	2,2	-	0,4	1,4	1,3	0,7

Was ist mit den Kindern?

Da die übergroße Mehrheit aller Inserenten bereits einmal verheiratet war, stellen die vorhandenen Kinder ein besonderes Problem für sie dar. Denn ein Kind oder gar mehrere in eine neue Ehe mitzubringen ist keine einfache Sache, erfordert vielmehr eine besondere Bereitschaft des neuen Partners, der sich unvermittelt in einer kompletten Familie findet. Nicht zuletzt spielt auch das Alter des Kindes oder der Kinder eine Rolle: ein Kleinkind wächst schneller in einen neuen Familienverband hinein als ein größeres Kind, das den früheren Familienzusammenhang gut in Erinnerung hat und sich vielleicht, ob vorsätzlich oder unbewußt, gegen den neuen Vater oder die neue Mutter sperrt, mögen diese sich noch so große Mühe geben. Bei Krisen dieser Art ist eine Rückwirkung auf die neue Ehe fast unvermeidlich. Um so erstaunlicher ist es, daß nur 1,4 Prozent aller Inserenten es ausdrücklich ablehnen, einen Partner mit Kind zu heiraten.

Dennoch haben es Inserenten mit Kindern schwerer. Das Zahlenverhältnis zwischen denen, die angeben, ein Kind oder mehrere zu haben, und denen, die sich bereiterklären, einen Partner mit Kind zu heiraten, ist unausgewogen. Es lautet ungefähr 4:3, das heißt, auf drei Inserenten, die ein Kind des künftigen Partners akzeptieren, kommen vier Inserenten, die ein Kind mitbringen möchten. Für ein Viertel derer, die eine Anzeige aufgeben, in der vom eigenen Kind die Rede ist, bleibt die Aktion Heiratsanzeige deshalb aussichtslos. — Es ist müßig, hier auf beiden Seiten eine gewisse Dunkelziffer zu vermuten: das hebt sich dann gegenseitig wieder auf, wenn auf der einen Seite vielleicht mehr Männer und Frauen bereit sind, ein Kind des Partners zu tolerieren, als ausdrücklich angegeben wird, und auf der anderen Seite möglicherweise manche Inserenten im Anzeigentext verschweigen, daß sie ein Kind haben — in der Hoffnung, dies im persönlichen Gespräch dem möglichen neuen Partner besser erklären zu können.

Von dieser Misere sind die Frauen stärker betroffen als die Männer — bleiben ja nach Ehescheidungen die Kinder öfter bei der Mutter als beim Vater. 15,7 Prozent aller weiblichen Inserenten haben ein Kind oder mehrere Kinder. Dem stehen nur 10,8 Prozent Männer gegenüber mit der erklärten Bereitschaft, eine Frau mit Kind zu heiraten.

Über die Absicht, in der neuen Familie auch für eigenen Nachwuchs zu sorgen, schweigen sich 98,7 Prozent aller Inserenten aus. Nur 1,3 Prozent wünschen sich ausdrücklich Kinder. Hieraus zu schlußfolgern, daß die meisten Ehewilligen keine Kinder mehr haben möchten, dürfte jedoch abwegig sein. Eher scheint dieses Thema wohl nach Auffassung vieler Inserenten nicht in eine Heiratsanzeige zu gehören, sondern ins ganz persönliche Gespräch. Und wenn man außerdem die Altersstatistik der Inserenten betrachtet, beantwortet sich diese Frage für einen großen Teil der Inserenten von selbst.

Kinder bringen mit:

	% der Männer	% der Frauen	% aller Inserenten
1 Kind	2,9	9,6	6,0
2 Kinder	2,0	4,7	3,2
mehr als 2 Kinder	0,7	0,5	0,6
ungenau: "Kinder"	0,5	0,9	0,7
gesamt	6,1	15,7	10,4

Kinder erwünscht - unerwünscht

	% der Männer	% der Frauen	% aller Inserenten
Kinder akzeptiert	10,8	3,9	7,6
Kinder unerwünscht	2,1	0,5	1,4
In der neuen Ehe wünschen sich Kinder	1,6	0,9	1,3

Interessen und Hobbys, der Bildungsstand und die geistige Welt der Inserenten

Über ihre Schulbildung machen 86,3 Prozent aller Inserenten überhaupt keine Angaben. Sie ist wohl auch nicht so wichtig, gemessen an den Erfahrungen in der Schule des Lebens. Dennoch, ein Studium zum Beispiel, sofern es wirklich eines war, prägt den ganzen Menschen. Wiederum ist mancher intelligente Selfmademan einem trockenen Akademiker überlegen, im praktischen Leben, im Beruf und manchmal sogar dem Wissensstand nach.

Ein vor vielleicht vielen Jahren bestandenes Abitur kommt als besondere ›Qualifikation‹ für eine Lebensgemeinschaft kaum in Betracht, es wird daher auch nur von 0,8 Prozent der Inserenten erwähnt. Anders ist es schon bei Akademikern. Sie sind sehr anzeigenfreudig: 10,8 Prozent all derer, die Heiratsanzeigen aufgeben, sind nach eigener Darstellung Akademiker. Rechnet man hinzu, daß mancher Akademiker es für unangebracht hält, schon im voraus auf seine Hochschulbildung hinzuweisen, darf man noch ein paar Prozente hinzudenken. Diese letztere Vermutung ergibt sich daraus, daß kein männlicher Akademiker in den ausgewerteten Anzeigen zu finden war, der expressis verbis eine akademisch vorgebildete Partnerin suchte — also wollen, darf man schlußfolgern, manche Akademiker eine intelligente, hübsche Interessentin, die keine Universität besucht hat, vielleicht nicht durch das Wort ›Akademiker‹ abschrecken. Oder sie sind wirklich so kultiviert, daß sie sich zwar eine kluge, intelligente Partnerin wünschen, aber keinen Wert darauf legen, herumzuerzählen, wie gebildet sie sind, nämlich »Akademiker«. — Lediglich ein Teil der Frauen, die Universitäten besucht haben, wünscht erklärtermaßen einen akademischen Partner (4,8 von 11,5 Prozent).

Der Bildungsstand

	% der Männer Selbstdarstellung	% der Männer Wünsche	% der Frauen Selbstdarstellung	% der Frauen Wünsche	% aller Inserenten Selbstdarstellung	% aller Inserenten Wünsche
Realschule (mittl. Reife)	-	-	0,8	-	0,4	-
Abitur	0,3	-	1,2	-	0,8	-
Akademiker	10,1	-	11,5	4,8	10,8	2,2
promoviert (Dr.)	2,0	-	1,0	-	1,5	-
Professor	0,5	-	0,1	-	0,3	-
ohne Angaben	87,1	100,0	85,4	95,2	86,3	97,6

»Wie hältst du's mit der Religion?« — Diese früher so wichtige Frage, die in unzähligen Fällen eine Eheschließung verhinderte, die schon bei der allerersten Partnersuche zu berücksichtigen war (katholischer Junge darf nicht mit evangelischem Mädchen flirten und umgekehrt), ist nach Auskunft der Heiratsanzeigen fast zur Nebensächlichkeit geworden. Innerhalb weniger Jahrzehnte fand hier eine totale Liberalisierung traditioneller Normen statt. Partnersuche ist zur ganz persönlichen Entscheidung des Individuums geworden, das sich hierin nahezu völlig von den starren Richtlinien kirchlicher Ethik emanzipiert hat. Nur noch 5,3 Prozent aller Inserenten machen überhaupt Angaben zur eigenen Religions- oder Konfessionszugehörigkeit, und lediglich 1,2 Prozent haben spezielle Wünsche, wes Glaubens Kind der künftige Partner sein sollte. Allen anderen ist dieses Thema entweder ganz unwichtig, oder sie überlassen auch diese Frage den Gesprächen beim Kennenlernen — und gehen damit zum Entsetzen der Orthodoxen das Risiko ein, womöglich einen Menschen näher kennenzulernen (und vielleicht lieben zu lernen), der einer anderen Konfession oder gar Religion angehört oder der religiös, zumindest konfessionell ganz indifferent ist. Da die Zahl der regelmäßigen Kirchgänger in Deutschland ein Mehrfaches von jenen 5,3 Prozent beträgt, muß auch eine Mehrheit dieser Kirchgänger in punkto Ehemoral und Partnersuche nur noch eine lose Bindung an ihre Kirche haben. Man fühlt sich selbst verantwortlich. (Zum Vergleich: 29,9 Prozent aller Katholiken beispielsweise gehen nach offiziellen statistischen Unterlagen regelmäßig sonntags in die Kirche.)

Als große Überraschung — wenn auch für regelmäßige Beobachter der Szene nicht unerwartet — darf es gelten, daß der häufig als Religionsersatz apostrophierte Glaube an die Astrologie in den Heiratsanzeigen inzwischen eine größere Rolle spielt als die Selbstangaben und Wünsche zur Religionszugehörigkeit. Noch vor fünfzehn Jahren zeigten die Heiratsanzeigen ein völlig anderes Bild. Den 5,3 Prozent, die ihre religiöse Konfessionszugehörigkeit für erwähnenswert halten, stehen inzwischen 7,4 Prozent Astrologiegläubige gegenüber, die das Sternbild, unter dem sie geboren sind, für so wichtig halten, daß sie diese Nachricht vorab jedem denkbaren Partner zukommen lassen. Und während 1,2 Prozent der Inserenten noch Wünsche zur Konfessionszugehörigkeit des Partners haben, erwarten 2,7 Prozent vom Partner die Zugehörigkeit zu einem bestimmten Sternbild.

Unter den geistig-kulturellen Interessen dominiert die Musik mit 10,3 Prozent, gefolgt von »Lesen, Literatur« mit 5,9 Prozent aller Inserenten. An dritter Stelle steht der Wunsch nach Gesprächen, Diskussion. 4,5 Prozent bezeugen, daß sie selbst dies lieben, und 7 Prozent erwarten die Bereitschaft dazu beim Partner.

Unter den sonstigen Interessen und Hobbys herrschen sehr deutlich zwei Lieblingsbeschäftigungen oder Liebhabereien vor. In zahlreichen Varianten wird von den Inserenten angemerkt, daß sie gern verreisen: die Lieblingsbeschäftigung Nummer Eins. 15,6 Prozent der Frauen und 10,9 Prozent der Männer lassen dies den künftigen Partner wissen, 13,3 Prozent aller Inserenten. An zweiter Stelle steht das allgemein geäußerte Interesse an der Natur (»Naturfreund«, »Naturliebhaber«, »Bin gerne in der freien Natur« usw.) mit insgesamt 10,3 Prozent; hierbei zeigt sich zwischen Männern und Frauen keine nennenswerte Differenz. Auf Platz 3 steht mit 5,1 Prozent aller Inserenten das allgemein geäußerte Interesse an sportlicher Betätigung, ohne daß eine spezielle Sportart genannt wird. Unter den ausdrücklich genannten Sportarten aber steht das Interesse am Skisport und an Tennis obenan.

Der geistige und kulturelle Hintergrund

	% der Männer Selbstdarstellung	% der Männer Wünsche	% der Frauen Selbstdarstellung	% der Frauen Wünsche	% aller Inserenten Selbstdarstellung	% aller Inserenten Wünsche
"christlich"	0,7	0,8	0,1	0,7	0,4	0,8
katholisch	2,4	0,2	2,3	0,1	2,4	0,2
evangelisch	1,5	0,2	3,0	0,3	2,3	0,3
jüdisch	-	-	0,3	-	0,2	-
andere Religionen	0,2	-	-	-	0,1	-
Religion gesamt	4,8	1,2	5,7	1,1	5,3	1,2
"religionslos"	0,2	-	-	-	0,1	-
Astrologie (Sternbild)	6,9	2,2	7,8	3,2	7,4	2,7
allgem. politisches Interesse	1,1	0,1	0,7	0,4	0,9	0,3
bestimmtes politisches Interesse	2,0	-	1,6	0,3	1,8	0,2
allgemein geistig interessiert	1,6	1,5	1,9	2,2	1,8	1,9
Lesen, Literatur	6,0	2,2	5,7	2,5	5,9	2,4
Theater	2,2	0,3	4,1	1,7	3,2	1,0
Musik	9,5	2,5	11,1	4,3	10,3	3,4
Kunst	1,7	0,4	2,7	2,7	2,2	1,6
Naturwissenschaften	0,2	-	0,1	0,3	0,2	0,2
Psychologie	0,8	-	0,9	0,3	0,9	0,2
Philosophie	0,5	-	0,3	0,1	0,4	0,1
Fremdsprachen	2,5	0,3	4,8	0,5	3,7	0,4
Foto/Film	0,5	0,1	0,1	-	0,3	0,1
andere geistige Interessen	1,0	0,1	0,8	0,3	0,9	0,2
Gespräche	3,3	2,4	5,7	11,5	4,5	7,0

Interessen, Hobbys

	% der Männer Selbstdarstellung	% der Männer Wünsche	% der Frauen Selbstdarstellung	% der Frauen Wünsche	% aller Inserenten Selbstdarstellung	% aller Inserenten Wünsche
Reisen	10,9	3,4	15,6	4,3	13,3	3,9
Wandern	3,7	1,4	3,6	2,1	3,7	1,8
Spazierengehen	2,0	0,5	3,9	1,6	3,0	1,1
Natur allgemein	10,3	1,0	10,2	5,4	10,3	3,2
Sport allgemein	4,3	1,2	5,8	1,9	5,1	1,6
Tennis	3,0	0,5	5,7	0,7	4,4	0,6
Skilaufen	5,3	1,3	4,0	1,2	4,7	1,3
Surfen	0,3	–	–	–	0,2	–
Segeln	3,9	0,3	0,3	0,4	2,1	0,4
Schwimmen	1,9	0,2	2,1	0,3	2,0	0,3
Radfahren	1,6	–	1,3	0,3	1,5	0,2
Angeln	0,4	–	–	–	0,2	–
Pferdesport/Reiten	1,9	–	2,7	0,4	2,3	0,2
Jogging	0,1	–	–	–	0,1	–
Fliegen	0,4	–	0,2	–	0,3	–
anderer Sport	0,7	–	–	–	0,4	–
FKK	–	–	0,2	–	0,1	–
Kochen	0,5	1,0	1,3	0,2	0,9	0,6
Feinschmecker	2,0	0,2	1,7	2,5	1,9	1,4
Hobbyhandwerker	1,6	–	0,3	–	1,0	–
Partys, Bummeln	–	0,1	0,2	0,5	0,1	0,3
Garten	2,5	0,2	2,3	0,7	2,4	0,6
Tiere allgemein	0,9	0,5	2,1	1,2	1,5	0,9
Hund	–	–	0,7	0,3	0,3	0,2
Katze	–	–	0,9	0,4	0,5	0,2
Tanzen	1,7	–	3,6	1,0	2,7	0,5
Autofahren/Motorsport	1,2	–	0,7	0,4	1,0	0,2
andere Hobbys	0,8	–	0,4	0,3	0,6	0,2

Menschen mit groben Fehlern im Strickmuster ihres Charakters gibt es in Heiratsanzeigen nicht. Böse oder schlechte Menschen erst recht nicht. Menschen mit leichten oder den üblichen Fehlern bilden eine fast verschwindende Minderheit. Noch größere Ausnahmen sind die bewußt übertrieben dargestellten Untugenden, die sofort als spaßig gemeint durchschaubar sind und damit im Grunde ebenfalls nur auf die üblichen kleinen Fehler hinweisen. — Gute Menschen aber gibt es zuhauf, genauer: es gibt praktisch nur gute Menschen. Ihre Anzahl ist im Vergleich zur Gesamtzahl der Inserenten so erdrückend wie das 99,9-prozentige Wahlergebnis in einem totalitären Staat, in dem von Amts wegen gelogen wird. — Und unter den guten Menschen gibt es noch einmal eine starke Fraktion: die der ganz wunderbaren, attraktiven Mitmenschen. Diese sind dermaßen super, daß ein Durchschnittsmensch mit all seinen Mängeln sich niemals an sie herantrauen würde.

Nur indirekt kann man ahnen, daß es irgendwo außerhalb der Welt dieser Menschen, der guten und der überguten, oder vielleicht sogar in ihrer eigenen früheren Welt, in ihrem bisherigen Leben dennoch das Böse, das Schlechte, oder zumindest eine Menge Lebenslangeweile, also auch etwas Schlechtes, gegeben haben muß. Denn: warum haben sich so viele von ihnen erst scheiden lassen, bevor sie diesen Weg der neuen Partnersuche mittels einer Heiratsanzeige beschritten?

Wir haben alle Charakterbezeichnungen aus 1695 Heiratsanzeigen gesammelt und nach der Häufigkeit ihres Vorkommens aufgelistet. Daraus ergaben sich fünf Tabellen: Einmal eine Gesamtübersicht aller genannten Eigenschaften (nicht getrennt nach Männern und Frauen, nicht nach Selbstdarstellung und Wünschen); hieraus entstand, wenn man so will, das Menschenbild, das die ausgewerteten Heiratsanzeigen insgesamt anzubieten haben. In der zweiten Tabelle geht es um die Selbstdarstellung der Männer, in der dritten um die Wünsche der Männer, wie diese sich ihre mögliche Partnerin vorstellen. Und die vierte und fünfte Übersicht handeln von den Frauen und ihren Wünschen.

In den folgenden Tabellen wurden nur die Eigenschaften berücksichtigt, die mehr als fünfmal in Anzeigen genannt waren. Die Ziffern hinter den Eigenschaftsbegriffen geben die Häufigkeit ihrer Nennung an.

Genannte Eigenschaften insgesamt

1.	geistreich, klug, intelligent u. ä.	301
2.	herzlich, warmherzig u. ä.	290
3.	humorvoll	272
4.	zärtlich	262
5.	vielseitig interessiert	218
6.	nett	175
7.	natürlich	164
8.	sensibel, einfühlsam	155
9.	feminin, betont weiblich	144
10.	zuverlässig	143
11.	sympathisch	136
12.	gebildet	123
13.	liebevoll	106
14.	häuslich	105
15.	ehrlich, aufrichtig	103
16.	unternehmungslustig	101
17.	treu, bindungsfähig	99
18.	liebenswert	97
19.	kinderlieb	96
20.	musisch veranlagt	93
21.	charmant	92
22.	lieb	89
23.	gepflegt	86
24.	mit Niveau	80
25.	tolerant	80
26.	fröhlich, Frohnatur	78
27.	gefühlsbetont u. ä.	74
28.	sinnlich u. ä.	74
29.	kultiviert	71
30.	aufgeschlossen	61
31.	lebensfroh, lebensbejahend	61
32.	alles Schöne liebend	59
33.	anspruchsvoll	49
34.	anpassungsfähig	48
35.	erfolgreich	45
36.	selbstbewußt	43
37.	romantisch	43
38.	Geborgenheit suchend, gebend	41
39.	unkonventionell	41
40.	hausfraulich	39
41.	verständnisvoll	37
42.	Familiensinn	36
43.	hat alle Untugenden u.ä. Übertreibungen	35
44.	lebenserfahren	33
45.	innerlich jung geblieben u. ä.	32
46.	solide	31
47.	rücksichtsvoll, verträglich	31
48.	temperamentvoll	25
49.	unkompliziert	24
50.	ruhig, gelassen	24
51.	vertrauensvoll	23
52.	kameradschaftlich	23
53.	begeisterungsfähig	22
54.	gute Umgangsformen	22
55.	mit Format	21
56.	ausgeglichen	20
57.	weltoffen	19

58.	optimistisch	18
59.	gesellig	18
60.	nicht konservativ	17
61.	nachdenklich, besinnlich	17
62.	Individualist	17
63.	gütig	16
64.	vital	16
65.	parkettsicher, gesellschaftlich gewandt	16
66.	offen	15
67.	charaktervoll	15
68.	apart	14
69.	kritisch	14
70.	seriös	14
71.	interessant	14
72.	spontan	13
73.	harmonisch	13
74.	einfach	12
75.	anlehnungsbedürftig	12
76.	heiter	12
77.	kompliziert	12
78.	elegant	11
79.	aktiv	10
80.	kreativ	10
81.	mit Fehlern	10
82.	eigenwillig	9
83.	konservativ, traditionsgebunden	9
84.	chic	9
85.	männlich	9
86.	ernsthaft	9
87.	hat Ideale	9
88.	Jeanstyp	8
89.	kuschelig	8
90.	starke Persönlichkeit	8
91.	anschmiegsam	8
92.	anständig	7
93.	gestandener Mann	7
94.	menschlich	7
95.	liebebedürftig	7
96.	passabel	6
97.	damenhaft	6
98.	fleißig	6
99.	gescheit	6
100.	modern	6
101.	gut	6

1.	vielseitig interessiert	72
2.	zärtlich	53
3.	sympathisch	45
4.	humorvoll	32
5.	kinderlieb	32
6.	natürlich	31
7.	gepflegt	31
8.	zuverlässig	28
9.	alles Schönc liebend	26
10.	musisch veranlagt	26
11.	gefühlsbetont u. ä.	25
12.	häuslich	26
13.	sensibel, einfühlsam	24
14.	herzlich, warmherzig u. ä.	23
15.	sinnlich u. ä.	23
16.	erfolgreich	22
17.	geistreich, klug, intelligent u. ä.	20
18.	treu, bindungsfähig	19
19.	ehrlich, aufrichtig	18
20.	anspruchsvoll	16
21.	lebenserfahren	16
22.	gebildet	15
23.	mit Familiensinn	14
24.	unternehmungslustig	13
25.	nett	11
26.	hat alle Untugenden u. ä. Übertreibungen	11
27.	ruhig, gelassen	11
28.	tolerant	10
29.	romantisch	10
30.	nicht konservativ	9
31.	anpassungsfähig	9
32.	fröhlich, Frohnatur	9
33.	innerlich jung geblieben u. ä.	8
34.	unkompliziert	7
35.	Individualist	7
36.	Geborgenheit suchend, gebend	7
37.	aufgeschlossen	7
38.	ausgeglichen	6
39.	optimistisch	6
40.	solide	6
41.	konservativ, traditionsgebunden	6
42.	rücksichtsvoll, verträglich	6

Wie die Frauen nach den Wünschen der Männer sein sollen

1. nett 111
2. herzlich, warmherzig u. ä. 84
3. zärtlich 70
4. geistreich, klug, intelligent u. ä. 65
5. lieb 57
6. feminin, betont weiblich 56
7. sympathisch 52
8. humorvoll 52
9. natürlich 52
10. charmant 48
11. liebenswert 39
12. liebevoll 37
13. treu, bindungsfähig 26
14. selbstbewußt 24
15. tolerant 22
16. fröhlich, Frohnatur .. 21
17. mit Niveau 20
18. vielseitig interessiert 20
19. sensibel, einfühlsam 20
20. zuverlässig 20
21. unternehmungslustig 19
22. hausfraulich 17
23. gebildet 17
24. aufgeschlossen 16
25. ehrlich, aufrichtig 15
26. häuslich 12
27. kameradschaftlich ... 11
28. kultiviert 11
29. temperamentvoll 11
30. Geborgenheit suchend, gebend 10
31. rücksichtsvoll, verträglich 9
32. lebensfroh, lebensbejahend 9
33. sinnlich u. ä. 9
34. verständnisvoll 8
35. vertrauensvoll 8
36. heiter 7
37. romantisch 8
38. solide 6

1. vielseitig interessiert 96
2. feminin, betont weiblich u. ä. .. 88
3. herzlich, warmherzig u. ä. 74
4. sensibel, einfühlsam 70
5. zärtlich 60
6. natürlich 55
7. unternehmungslustig 51
8. musisch veranlagt 48
9. humorvoll 40
10. geistreich, klug, intelligent u. ä. 38
11. lebensfroh, lebensbejahend 36
12. häuslich 36
13. charmant 33
14. gefühlsbetont u. ä. ... 33
15. aufgeschlossen 29
16. gepflegt 29
17. alles Schöne liebend .. 28
18. sinnlich u. ä. 27
19. anpassungsfähig 26
20. gebildet 25
21. kultiviert 24
22. romantisch 23
23. unkonventionell 22
24. hausfraulich 22
25. innerlich jung geblieben u. ä. 21
26. begeisterungsfähig ... 20
27. treu, bindungsfähig 18
28. hat alle Untugenden u. ä. Übertreibungen . 17
29. anspruchsvoll 17
30. Geborgenheit suchend, gebend 17
31. fröhlich, Frohnatur .. 16
32. zuverlässig 15
33. rücksichtsvoll, verträglich 13
34. sympathisch 13
35. selbstbewußt 13
36. kinderlieb 11
37. temperamentvoll 10
38. kompliziert 9
39. anlehnungsbedürftig 9
40. spontan 9
41. apart 9
42. ehrlich, aufrichtig 8
43. nett 8
44. eigenwillig 8
45. unkompliziert 8
46. nachdenklich, besinnlich 7
47. elegant 7
48. vital 7
49. nicht konservativ 7
50. mit Niveau 6
51. damenhaft 6
52. tolerant 6

Wie die Männer nach den Wünschen der Frauen sein sollen

1. geistreich, klug, intelligent u. ä. 178
2. humorvoll 148
3. herzlich, warmherzig u. ä. ... 109
4. zuverlässig 80
5. zärtlich 79
6. gebildet 66
7. liebevoll 63
8. ehrlich, aufrichtig 62
9. liebenswert 55
10. mit Niveau 51
11. kinderlieb 48
12. nett 45
13. tolerant 42
14. sensibel, einfühlsam .. 41
15. treu, bindungsfähig .. 36
16. fröhlich, Frohnatur .. 32
17. kultiviert 32
18. häuslich 31
19. viels. interessiert 30
20. lieb 27
21. sympathisch 26
22. natürlich 26
23. gepflegt 25
24. verständnisvoll 23
25. mit Format 20
26. solide 19
27. erfolgreich 18
28. unternehmungslustig . 18
29. sinnlich u. ä. 15
30. musisch veranlagt 15
31. gefühlsbetont u. ä. ... 15
32. lebensbejahend 14
33. anspruchsvoll 14
34. gütig 13
35. gute Umgangsformen 13
36. mit Familiensinn 13
37. charaktervoll 13
38. lebenserfahren 13
39. unkonventionell 12
40. vertrauensvoll 11
41. anpassungsfähig 11
42. weltoffen 10
43. seriös 10
44. ruhig, gelassen 10
45. ernsthaft 9
46. aufgeschlossen 9
47. kritisch 9
48. gesellig 8
49. parkettsicher, gesellschaftlich gewandt 7
50. Geborgenheit suchend, gebend 7
51. ausgeglichen 7
52. offen 7
53. kameradschaftlich 7
54. männlich 7
55. optimistisch 7
56. hat Ideale 6
57. harmonisch 6
58. charmant 6
59. menschlich 6
60. hat alle Untugenden u. ä. Übertreibungen .. 6

Diese langen Listen von zumeist ganz wunderbaren Eigenschaften verleiten zu Gedankenspielereien. Etwa: wie ist das Wesen Mensch überhaupt beschaffen, wenn man den Aussagen der Heiratsanzeigen folgt? Der Mensch ist demnach (in dieser Rangfolge:) intelligent, warmherzig, humorvoll, zärtlich, vielseitig interessiert, nett, natürlich, sensibel. Die acht meistgenannten Eigenschaften, die in Heiratsanzeigen vorkommen . . .

Im einzelnen aber, zum Beispiel die Männer. Das Musterwesen Mann ist folgendermaßen gestaltet: vielseitig interessiert, zärtlich, sympathisch, humorvoll, kinderlieb, natürlich, gepflegt, zuverlässig. — Wiederum waren es die acht meistgenannten Eigenschaften, aber man beachte: in der Selbstdarstellung der Männer!

Wenn in Selbstdarstellungen zuallererst solche fabelhaften Eigenschaften genannt werden, anderes einfach unter den Tisch geschoben wird — oft sicher die herausstechende Eigenart eines Individuums Mann —, dann sind Worte wie jene da oben entweder übertrieben oder gelogen. Bei Wünschen hingegen darf man freier phantasieren, wenn die Frauen sich zum Beispiel — das Gegenstück — die Männer vorstellen, die sie auf dem Wege der Heiratsanzeige kennenlernen möchten. Überraschenderweise ähnelt die Wunschliste der Frauen (von ihnen genannte Eigenschaften, die Männer haben sollten) der meist erfundenen Selbstdarstellung der Männer. Man darf also feststellen, daß Männer auszudrücken wissen, was Frauen wünschen. Oder soll man sagen, hier treffe sich das Klischee der Wünsche? So jedenfalls soll der deutsche Mann von heute nach der Vorstellung unserer Frauen sein: intelligent, humorvoll, warmherzig, zuverlässig, zärtlich, gebildet, liebevoll, ehrlich (in dieser Rangfolge).

Nicht viel anders als die Männer bedienen sich die Frauen schöner Worte, wenn es darum geht, sich selbst im Text der Heiratsanzeige vorzustellen. Die deutsche Frau von heute wäre demnach — die acht wichtigsten Eigenschaften in der Selbstdarstellung — genau so: vielseitig interessiert, betont weiblich, warmherzig, sensibel, zärtlich, natürlich, unternehmungslustig, musisch veranlagt.

Nach den Wünschen der Männer hat die Frau, der man mit Hilfe der Annonce zu begegnen trachtet, diese Eigenheiten (wiederum in der Rangfolge der acht wichtigsten vorkommenden Begriffe): sie ist nett, warmherzig, zärtlich, intelligent, lieb, betont weiblich, sympathisch, humorvoll.

Man möchte vom Paradies auf Erden träumen, liest man diese Darstellungen. Und man könnte verleitet sein, die eine oder andere ›Musterheiratsanzeige‹ aus diesen Listen zusammenzustellen oder einen Leitfaden zu verfassen, wie man zweckmäßigerweise mit der größten Aussicht auf Erfolg eine Heiratsannonce aufsetzt, wie man die schönste Selbstdarstellung komponiert und wie man sich bei den Wünschen nach der Beschaffenheit des Traumpartners am besten dem heutigen Ideal anpaßt.

»Nichtraucher« und anderes

Natürlich sind mehr als fünf Prozent aller Bundesbürger Nichtraucher. Wären es nicht mehr, gäbe es 95 Prozent Raucher und könnten Zigarettenindustrie wie der Finanzminister das Lachen nicht lassen. In Heiratsanzeigen aber legen nur fünf Prozent aller Inserenten Wert darauf, ihren Nichtraucher-Status bekanntzugeben oder, was auf dasselbe hinauskommt, vom Partner zu verlangen, daß er Nichtraucher sei. Frauen und Männer sind mit gleichen Anteilen in dieser Zahl enthalten. — Die Toleranzgrenze liegt also sehr hoch. Der größte Teil der Nichtraucher und Nichtraucherinnen möchte das eventuell sich anbahnende Eheglück nicht durch den unglücklichen Umstand gestört wissen, daß der Partner den blauen Dunst liebt — oder nicht davon loskommt.

Tanz gehört zur Geselligkeit, im häuslichen Kreis wie bei manchen Veranstaltungen, die man besucht. Vom rheinischen Karneval oder Münchner Fasching erst gar nicht zu reden. Dann ist es recht peinlich für den tanzlustigen Partner, wenn der andere Teil des Ehegespanns hierfür keinen Sensus hat und auch keine rechte Lust, die Beine in bestimmter Weise rhythmisch auf dem Parkett zu bewegen. Man sitzt mehr oder weniger unbeteiligt herum. Für den Teil, der dem Tanzen nicht abhold ist, heißt es viel Verständnis aufzubringen, dafür, daß der Partner nicht will (oder nur zu dumm dafür ist, er sollte ganz privat mal üben, und wie die Argumente sonst noch lauten); Frust breitet sich aus, sollte dies zum Dauerzustand werden, und beim Nichttänzer stellen sich Komplexe ein, er wagt sich immer seltener in schöne Geselligkeit. — So ist die Angabe, ob man Nichttänzer sei, zwar kein ›Ehehindernis‹, kann aber doch einen Partner abschrecken, der dafür überhaupt kein Verständnis hat oder bereits schlechte Erfahrungen mit einem Nichttänzer gesammelt hat: wie sehr dieses an manchen Tagen die Festesfreude oder den (Ehe-)Frieden stören kann. Die Zahl der Inserenten, die sich als Nichttänzer bekennt, ist aus verständlichen Gründen sehr klein: ganze 0,6 Prozent aller Inserenten. Man geniert sich halt. Bei Männern sind es 1,0 Prozent, und immerhin noch ganze 0,1 Prozent aller Frauen schreiben: »Nichttänzer.«

Im Zeitalter der hohen Benzinpreise wird über das Auto mehr denn je disputiert. Ob als unentbehrliches Mittel zum Zweck angesehen, als liebstes Männerspielzeug gchätschelt oder als Familienmobil für Sonntagsausflüge benutzt, ohne das Auto läuft heute nicht mehr viel. Es ist so selbstverständlich für unser Leben geworden, daß es in Heiratsanzeigen kaum mehr ein Thema ist. Man muß nicht auf ein solches Statussymbol hinweisen. Immerhin aber noch 3,5 Prozent der Inserenten führen ausdrücklich die Existenz eines Vierräders auf. Meist ältere Inserenten erwähnen das Auto, das sie besitzen oder das sie sich als beim Partner vorhanden wünschen. Ältere Menschen haben mehr Zeit und leben oft isoliert, zwei sich gegenseitig kumulierende Umstände. Genauer: 2,9 Prozent der Männer nennen das vorhandene Automobil, 0,1 Prozent wünschen sich eins. Bei den Frauen äußern 2,2 Prozent den Wunsch nach einem Auto beim Partner, und 1,9 Prozent aller Damen weisen auf den Besitz eines eigenen Wagens hin.

An einen bestimmten Ort gebunden ist man durch das Eigenheim, die Eigentumswohnung, durch familiäre Umstände, durch den Beruf.Oder man möchte einfach die gewohnte Umgebung nicht verlassen. Vielleicht, weil es eine sehr schöne Umgebung ist. Oder weil man sich nicht mehr jung genug fühlt, mit dem neuen Ehepartner auch gleich eine andere Umwelt in Kauf zu nehmen, täglich einen anderen Dialekt zu hören, einen anderen Singsang als den vertrauten, liebgewohnten der eigenen Sprache (die einen Menschen umgebende Sprachwelt ist für sein Wohlbefinden wichtiger als man denkt). — Was immer auch die Gründe sein mögen, warum ein Mensch sagt »Ich bin an diesen Ort gebunden«, er schließt damit beim Aufgeben einer Heiratsanzeige automatisch einen sehr großen Teil möglicher Antwortschreiber aus. Das Extrem: ein Rentner sucht eine Ehegefährtin, die aus einem bestimmten Stadtteil kommen soll, er selbst will auch nur in diesem Stadtteil den hoffentlich noch langen Lebensabend verbringen. Es gibt aber auch Abstufungen in die andere Richtung. Manche Inserenten beschränken ihr Eheangebot lediglich auf eine bestimmte Landschaft oder ein bestimmtes Bundesland. Und 77,7 Prozent aller Anzeigenverfasser äußern sich in der Selbstdarstellung überhaupt nicht zu diesem Thema, bei den Wünschen bezüglich des Ehepartners sind es sogar noch mehr, nämlich 89,2 Prozent. Ob all diese, die keine Meinung äußern, bereit wären, mit einem Ehepartner irgendwohin, weit weg zu gehen, es muß ja nicht gleich ans andere Ende der Welt sein, ist eine Frage für sich.

Ortsgebunden - nicht ortsgebunden

	% der Männer Selbstdarstellung	% der Männer Wünsche	% der Frauen Selbstdarstellung	% der Frauen Wünsche	% aller Inserenten Selbstdarstellung	% aller Inserenten Wünsche
ortsgebunden: nur engere Umgebung	7,4	1,9	8,9	4,3	8,2	3,1
ortsgebunden: bestimmte Landschaft oder ein Bundesland	9,2	5,1	9,9	5,4	9,6	5,3
nicht ortsgebunden	4,1	3,3	4,9	1,4	4,5	2,4
ohne Angabe	79,3	89,7	76,3	88,9	77,7	89,2

Eine Nachfrage

Was die Texte der Heiratsanzeigen nicht verraten, ist genauso interessant wie das, was sie aussagen. Die Dunkelziffer bei einigen Spalten der vorausgegangenen Statistiken war recht hoch. Das kann an sich schon eine Aussage sein, zum Beispiel wenn Angaben zur Religion nur ganz spärlich vorkommen. Wir erfuhren aber vor allem nichts über das Echo auf Heiratsanzeigen, ihren Erfolg also. Deshalb haben wir eine ausgewählte Anzahl von Inserenten gebeten, uns hierüber etwas zu sagen.

Um die gebotene Diskretion zu wahren und zugleich eine möglichst wahrheitsgemäße Information zu erhalten, wurde Inserenten unter den angegebenen Chiffre-Nummern ein Fragebogen zugestellt. Der Fragebogen enthielt keine Fragen zur Person außer der Frage nach dem Alter und dem Geschlecht. Es wurde Auskunft darüber erbeten, wie oft bereits eine Heiratsanzeige aufgegeben wurde, welches die größte Anzahl von Zuschriften war, die auf eine einzelne Anzeige eingingen, ob erste Kontakte erfolgten oder die Gesprächspartner häufiger wiedergesehen wurden, und es gab eine Kontrollfrage nach dem Familienstand (denn die Dunkelziffer in den Statistiken hatte in diesem Punkt zwar zu Vermutungen geführt, die sich aus dem Vergleich mit amtlichen Bevölkerungsstatistiken halbwegs erhärteten, aber wir wollten es genauer wissen, ob nun wirklich überwiegend »Eheerfahrene« Anzeigen aufgeben). Auf der Rückseite des Fragebogens konnte, wer wollte, in freier Form noch Mitteilungen über die persönlichen Erfahrungen mit Heiratsanzeigen machen.

Während die bei der Analyse der Statistiken ausgesprochene Vermutung über den Familienstand bestätigt wurde, nämlich daß unter denen, die in ihrer Anzeige hierzu nichts gesagt hatten, überwiegend Geschiedene waren (oder »getrennt lebend«), bewiesen auch die Aussagen über die Anzahl der erhaltenen Zuschriften, daß die aus den Statistiken abgeleiteten Schlußfolgerungen über die Chancen verschiedener Frauen- und Männer-

Altersgruppen zutreffend waren. Hier ein paar typische Muster: Eine 53jährige Frau, die zum ersten Male annoncierte, erhielt ganze vier Antwortbriefe! Ein 68jähriger Mann dagegen, offenbar erfahren im Abfassen von Anzeigentexten (schon zwölfmal hatte er inseriert), brachte es in einem Fall auf die Höchstzahl von 46 Antwortbriefen. Etwa in der Mitte liegt das Beispiel einer 45jährigen Dame mit dem siebenfachen Versuch, per Zeitungsannonce einen Partner zu finden; sie erhielt 22 Antwortbriefe als persönlichen Rekord bei einer einzelnen Anzeige. Rapide steigen die Chancen für Damen mit jedem Lebensjahr, das sie jünger sind als 45 . Eine 39jährige Inserentin, erst zweimal so mutig gewesen, eine Heiratsanzeige aufzugeben, brachte es bei einer Anzeige auf 60 Antwortbriefe. Und die Frage nach den persönlichen Kontakten aufgrund einer Partnerannonce wurde in allen Fällen, in denen zahlreiche Antwortpost eingegangen war, positiv beantwortet. Es gab wiederholt Statements dieser Art: »Ich habe aufgrund einer Heiratsanzeige auch schon Bekanntschaften angeknüpft, die über ein paar Wochen oder auch Monate reichten.«

Der Dialog mit den Inserenten brachte auch ausführliche Briefe. Zwei Inserenten schickten Unterlagen mit, die sie nicht mehr benötigten, um ihre Ansichten besser zu verdeutlichen. Es handelte sich um herausgeschnittene Teile aus Briefen, die sie erhalten hatten, und auch ein paar ganze Briefe, auf denen Absender und Anschrift unkenntlich gemacht waren. Einer der Einsender dieser Briefe wollte damit nachweisen, daß es heute gar nicht mehr darauf ankomme, ob man eine ›Heiratsanzeige‹ oder eine ›Bekanntschaftsanzeige‹ etwa »zwecks Freizeitgestaltung«, wie es so schön heißt, aufgebe; immer erhalte man Post aus allen Bereichen. Tatsächlich bewiesen die vorgelegten Briefauszüge, daß Frauen aus verschiedensten Motiven einem Mann auf eine Anzeige geantwortet hatten: solche, die einen Ehepartner oder Dauerpartner suchten, andere, die sich nach der ›Liebe für einen Sommer‹ sehnten (»Ich will nicht heiraten«) und wieder andere, die, selbst verheiratet, nur diskret etwas nebenher erleben wollten.

Auch der Ärger über die Sprachklischees, die viele Inserenten in ihren Anzeigen benutzen und die es dem Leser oft erschweren, sich ein realistisches Bild von der Person zu machen, die da inseriert, wurde artikuliert. Die persönliche Begegnung verläuft dann entsprechend negativ, man ist entäuscht, einen ›ganz gewöhnlichen Menschen‹ vorzufinden, der aber laut eigener Angaben in seiner Annonce ein ganz toller Mann zu sein hätte oder eine Superfrau. »Leider kann meiner Erfahrung nach«, schreibt eine Dame, »eine Anzeige noch so witzig oder anspruchsvoll abgefaßt sein, es melden sich dennoch zu 95 Prozent nur Durchschnittsmenschen, die keiner richtigen Selbsteinschätzung fähig sind. Es ist unglaublich, wer alles sich zum Beispiel für ›kreativ‹ und ›gebildet‹ hält. . .«

Dieselbe Dame äußert sich auch ganz allgemein skeptisch über den Erfolg von Heiratsanzeigen: »Ich finde es sehr bezeichnend, daß Sie die Frage nach einer möglichen erfolgten Eheschließung erst gar nicht stellen. Der Prozentsatz dieser Glücklichen dürfte sehr gering sein.« — In der Tat gibt es nur Vermutungen über die Erfolge von Heiratsanzeigen, und eine Inserentenbefragung kann darüber ja auch kein stichhaltiges Material erbringen: es inserierte einer ja nicht, hätte er schon sein Glück gefunden. Aber als Stimmungsbild ist diese Reaktion einer Inserentin dennoch wichtig. Sie meint sogar: »Meines Erachtens ist das Inserieren ein Bäumchen-wechsel-dich-Spiel frustrierter Seelen.«

Aber sie will es nicht aufgeben. »Weshalb ich dennoch manchmal inseriere?« (Bisher hat sie es siebenmal versucht) »Es könnte irgendwann doch ein Treffer darunter sein, wie im Lotto . . . Ich war immerhin schon einmal verlobt mit einem Inserenten.« Und sie ist auch wählerisch; warum nicht. »Mein Unglück besteht darin, daß es zu wenig wirklich orginelle, gebildete und ungebundene Männer gibt. Einen dieser wenigen zu suchen ist mein Ziel, und dazu dient eben u. a. eine Annonce.«

Sicher spricht diese Frau nur aus, was unzählige andere auch denken, die im Umgang mit Heiratsanzeigen und beim Kennenlernen der sich dort anbietenden Partner hin und her gezogen werden zwischen schöner Erwartung und Frustration. Nicht nur Frauen sind rasch enttäuscht, Männern geht es nicht viel anders.

Ein Inserent schüttet sein Herz aus: »Was denken sich diese Frauen eigentlich! Was für ein Supermann muß ich den sein? Bei der letzten Verabredung, die ich mit einer jüngeren Frau hatte, beschwerte diese sich doch ganz offen und frech, ich hätte ja geschrieben ›gutaussehend‹, darunter aber verstünde sie etwas anderes. Den Kaffee durfte ich aber bezahlen. Dabei hatte sie ausdrücklich in ihrem Brief auf meine Anzeige geschrieben, daß sie gerne einen zehn oder fünfzehn Jahre älteren Herrn heiraten würde, und auch die Körpergröße habe ich genau, wie sie das haben wollte, ich bin 1,85 groß, 58 Jahre alt, 79 Kilo, von Beruf Bäcker und habe auf der linken Wange eine Narbe (Kriegsverletzung). — Die sollen mal alle kleinere Brötchen backen, diese Damen!«

Der Mann sollte nicht aufgeben. Wenn er weiter annonciert,ist er wahrscheinlich schon bald in glücklicherer Verfassung, denn nach den Statistiken hat er die besten Chancen. Männer seines Alters, die heiraten wollen, ›gehen weg wie warme Semmeln‹, um in der Bäckereifachsprache zu bleiben. Und jene Dame, mit der er sich vergeblich traf, war vielleicht nur in ihren Träumen zu anspruchsvoll, denn ein 58jähriger Mann, der sein Leben lang hart gearbeitet hat, ist selten noch ein jugendlicher Adonis, und über den Begriff ›gutaussehend‹, der in unzähligen Heiratsanzeigen vorkommt, kann man tatsächlich allemal streiten.

Sehr hübsch war noch die Reaktion einer alten Dame von 76 Jahren, die sich nach eigenen Worten schon öfter als »lebhafte Siebzigerin« in einer Anzeige ausgegeben hat und zuletzt drei Antwortbriefe aus Rentnerkreisen erhielt. Sie erläutert ihre Motive, in so spätem Alter noch eine Anzeige aufzugeben, auf verblüffende Weise: »Natürlich will ich nicht mehr heiraten. Die Herren, die für mich in Frage kommen, sind zu alt, ich will nicht Krankenpflegerin spielen, sondern lebe lieber allein in Ruhe und

Frieden und freue mich daran, daß ich noch leidlich gesund bin. Aber es macht mir einen Riesenspaß, mich zum Kaffee einladen zu lassen von diesen Herren. Die Gespräche sind meist so interessant, wenn wir uns gegeseitig aus unserem Leben erzählen. Meine Sonntage sind auf diese Weise nicht so langweilig, und manchmal flirtet einer richtig mit mir. Ich komme mir dann wie ein junges Mädchen vor!«

Die Postauszüge aber, die uns zwei Fragebogen-Rücksender sandten, um ihre Ansichten zu erläutern, sind noch in anderer Hinsicht interessant. Sie werfen Schlaglichter auf die Psyche der Absender. Aus dem bunten Kaleidoskop dieser Briefe deshalb hier einige kurze Zitate, die jenseits der konkreten Angaben zur eigenen Person die Bandbreite menschlicher Empfindungen wiedergeben bei dem Versuch, so oder so auf eine Heiratsanzeige zu reagieren:

»Suchen Sie vielleicht mich«

»Mit Interesse habe ich Ihr Inserat gelesen. Aber was können schon ein paar gedruckte Worte über einen Menschen, sein Leben und seine Handlungen aussagen! Ich möchte Sie kennenlernen, um herauszubekommen, ob ich die Frau sein könnte, die Ihr ganz persönliches Interesse findet. Vielleicht bin ich auch gar nicht die Frau, die Sie suchen. Trotzdem freue ich mich über Ihren Anruf.«

»Hallo, Ihre Anzeige gefällt mir!«

»Möglicherweise haben Sie genauso mit sich gekämpft, Ihre innere Not in der Zeitung zu veröffentlichen, wie ich jetzt, Ihnen zu antworten.«

»Ich hoffe die schwierigen Jahre nun hinter mir zu haben und möchte wieder den richtigen Partner finden. Auf Ihre Antwort freue ich mich.«

». . . und suche deshalb einen Partner, Freund, Geliebten, um nicht den Rest meines Lebens ohne die intime Nähe eines Menschen verbringen zu müssen. Denn das ist es, was mir fehlt, obwohl es mir sonst gut geht.«

»Da meine Kinder erwachsen und aus dem Haus sind, ist meine Freizeit recht eintönig.«

»Ich habe einige Zeit gebraucht, bis ich mich entschließen konnte, Ihnen zu schreiben. Es ist mein erster Versuch, auf diese Weise eine Beziehung aufzunehmen. Was soll ich Ihnen über mich erzählen? Ich glaube, nur ein persönliches Gespräch kann zwei Menschen einander näherbringen, daß sie sich verstehen und herausfinden, ob sie füreinander geschaffen sind.«

»Sehr geehrter Herr N.! — Leider habe ich kein Foto, dafür schicke ich Ihnen meine Telefonnummer, damit wir in einem ersten Gespräch herausfinden können, ob wir uns sehen möchten. Zu zweit ist doch alles viel schöner. Ich bin einsam.«

»Heute las ich Ihre Anzeige und würde mich freuen, wenn Sie meinen Brief berücksichtigen würden. Meine Eigenschaften zu beschreiben fällt mir schwer. Soweit ich das selbst beurteilen kann, bin ich ein fraulicher Typ. Das herauszufinden überlasse ich aber besser Ihnen, falls Sie Interesse daran haben. Ich würde mich auch freuen, Näheres über Sie zu erfahren.«

»Werter Inserent! Ich suche einen toleranten Freizeitpartner mit Niveau, keine Wohngemeinschaft. Meine Hobbys sind Schwimmen, Tanzen, Sauna. Sollten Sie interessiert sein, rufen Sie mich doch ganz einfach an. Hier meine Telefonnummer . . . «

»Ich liebe ein gemütliches Zuhause mit einem Partner, den ich lieben und dem ich vertrauen kann und der mir jetzt fehlt.«

»Bin verheiratet, verfüge aber über meine Freizeit. Da ich die Angelegenheit diskret behandeln möchte, bitte ich um Ihren Anruf nur von montags bis freitags (genaue Angaben der Uhrzeit).

»Ich bin kein Mensch, der viele Worte macht, sondern ich bin mehr dafür, sich gegenüberzustehen, um festzustellen, ob man sich mag. Vielleicht sind Sie bei unserer ersten Begegnung angenehm überrascht? Wer weiß.«

»Beinahe vergaß ich, daß ich an einem mir völlig unbekannten Herrn schreibe. Aber vielleicht gibt ein längerer Brief mehr Aufschluß als ein Foto.«

»Ich bin sehr flexibel und tolerant und würde mich sehr freuen, einen Partner zu finden, mit dem ich meine Interessen teilen kann.«

»Hallo Mitmensch! — Ich wünsche mir einen warmherzigen Freizeitpartner, der gerne auch mit mir über Gott und alle Welt diskutiert und ebenso Tennis, Radfahren und Schwimmen liebt.«

»Ich bin keine große Briefschreiberin, unterhalte mich dafür um so lieber und habe viele Interessen. Wenn Sie Lust haben, mich kennenzulernen, rufen Sie doch an: meine Telefonnummer . . .«

»Ich will nicht mehr heiraten, möchte aber eine echte vertrauenswürdige Freundin sein. Bin geistig, körperlich und finanziell in gutem Zustand.«

»In meinem Denken und Fühlen lebe ich wie getrennt, verbringe auch die Urlaube und den größten Teil meiner Freizeit alleine.«

»Ich bin sehr warmherzig, häuslich, voll Weib, wie ein Mann es wünscht, temperamentvoll, weitgereist, sportlich, weibliche Hüftform, gute Figur . . . Foto liegt bei.«

»Alles andere kann man besser persönlich erklären, und ich würde mich freuen, von Ihnen zu hören.«

»Vielleicht ist es im Moment nicht so bedeutend für Sie, ob einer geschieden oder sonst was ist; Hauptsache, daß das Herz für den anderen frei ist.«

»Ich suche eine Dauerfreundschaft.«

»Wenn Sie mögen, treffen wir uns bald!«

»Ich wäre glücklich, einen zuverlässigen, warmherzigen und intelligenten Menschen zu finden. Falls Sie mich kennenlernen möchten, dürfen Sie mich gerne anrufen. Meine Telefonnummer ist . . . Vielleicht sollte ich noch hinzufügen, daß ich an einem schnellen Abenteuer nicht interessiert bin.«

»Wenn Sie möchten, könnten wir zunächst einmal brieflich miteinander in Verbindung treten. Ich schreibe leidenschaftlich gern Briefe und bin auch bereit, Ihre vertraulichen Fragen zu beantworten.«

Liebe für einen Sommer?

Beim Lesen von Partneranzeigen möchte man gern hinter die Fassade der schönen Worte schauen. Dennoch muß der Leser zunächst jedes Wort glauben, das dort geschrieben steht. Vielleicht will er's ja, wenn er nach dem Glück Ausschau hält, gar nicht anders haben. Die harte Wirklichkeit des Alltagslebens kommt noch früh genug, mag er sich sagen. Und: mit dem neuen Partner könnte ja alles ganz anders werden, endlich so, wie man es sich immer gewünscht hat. Wer Freundschafts- und Bekanntschaftsanzeigen aufgibt, will nicht unbedingt weit über den nächsten Sommer hinausdenken, für den er sich eine schöne, vielleicht sogar intime Beziehung ersehnt. Nicht an das Danach zu denken, wenn es tatsächlich zu einer Freundschaft gekommen ist, bringt aber automatisch Probleme, denn jede menschliche Beziehung sucht — ob man's will oder nicht — nach einem Ziel. Auch Verhaltensweisen wie »modern« oder »tolerant« führen nicht weiter, schaffen keinen Notausgang, durch den man rechtzeitig entfliehen könnte, bevor es zum Abbruch einer Beziehung kommt. Das Ende ist gerade dann bitter, wenn es schön war. Aber das Ende muß ja auch nicht immer sein. Was als gemeinsam geplanter Urlaub begann, endete oft schon »lebenslänglich«. Und die Bekanntschaftsanzeige entpuppte sich, wie manche augenzwinkernd später erzählen, als eine Falle, die plötzlich zuschnappte. Aber das kann kein Mensch den Anzeigentexten vorher ansehen.

Sie sucht ihn

»Einsamkeit kann grausam sein«, schreibt eine dunkelhaarige, 57jährige Witwe in ihrem Inserat, und ganz sicher weiß sie es aus eigener Erfahrung. Neu in der Millionenstadt Berlin, sucht sie einen netten, kultivierten Herrn, der ein gutes Stück älter sein darf, nämlich bis 68. Auto und Telefon sind erwünscht,um der Einsamkeit den Garaus zu machen. — In diesem Fall sind die

Chancen, einen guten Kontakt zu finden, rein statistisch gesehen nicht optimal. Damen dieses Alters treffen nur noch auf ein sehr begrenztes Angebot von seiten der Männerwelt. Unverhältnismäßig viele Frauen jenseits des 50. Lebensjahres inserieren deshalb, und manche bemühen sich, die Vorzüge einer angestrebten Freundschaft in ein besonders günstiges Licht zu setzen: »Eigentum, Garten, Wagen« sind vorhanden, sie sind gern noch »jugendlich« oder zwar »ein bißchen mollig, aber schick und frisch«. Sie bieten etwa, wie es eine »sympathische Dame (Witwe, 60, 1,72)« tut, »bei gegenseitiger Zuneigung Wohngemeinschaft in herrlicher Lage am Rande Düsseldorfs« an oder ganz allgemein »eheähnliche Gemeinschaft« ohne Trauschein und erwähnen gelegentlich auch ihre gute Rente, die ihnen das Altwerden gemeinsam mit einem guten Freund finanziell erleichtert.

Doch ältere Damen trachten nicht nur ihren bevölkerungsstatistisch bedingten Nachteil durch besondere Angebote auszugleichen, sie produzieren gelegentlich im Gegensatz dazu ein erhebliches Selbstbewußtsein, sei es aus Unerfahrenheit im Umgang mit Partneranzeigen, sei es, weil sie lieber allein bleiben als eine Bekanntschaft oder Freundschaft um fast jeden Preis zu suchen, wie eine pensonierte Künstlerin, die ihr Alter nicht angibt, aber die 60 erreicht haben dürfte; sie stellt Ansprüche: die männliche Bekanntschaft, die sie sucht, muß »stattlich« sein, ferner darf sich ein gutsituierter Herr melden, er darf keinen Anhang haben, keine Familie, muß tanzen können und darf sich im übrigen keine Hoffnungen auf intimere Zweisamkeit machen (»Sex unerwünscht«).

Die »zärtliche Verbindung im goldenen Herbst« des Lebens bleibt in vielen Fällen unerfüllte Sehnsucht. Selbst in der Form einer wie immer gearteten »Freizeitgestaltung«, mag diese bei Tanz, Ausflügen, Reisen stattfinden oder in der »eleg. gemütl. E-Whg.«, kann die geringe Anzahl der noch freien Männer jener Jahrgänge nur einem Teil dieser Damen ihre Wünsche erfüllen. Ältere Herren sind — die Freundschaftsanzeigen von der anderen Seite her betrachtet — demzufolge rasch ›Hahn im Korb‹, wenn sie Damenbekanntschaft suchen. Die »treue, zuverlässige Kameradin« oder gar die »verständnissvolle Geliebte« für den goldenen Herbst des Lebens zu finden ist für sie überhaupt kein Problem.

Die eigentlichen Renner unter den Kleinanzeigen der Rubrik ›Sie sucht ihn‹ sind eher solche: »Exotisches Girl, 25/148, dunkel, sucht einen netten Partner ab 30 für gelegentliche Treffs.« Oder jene, die mit dem Ausruf beginnt: »Nicht auch noch den Sommer allein verbringen!« Es stellt sich dann vor eine »zierliche, blonde Sekretärin, 32 Jahre alt«, und sie sucht »einen ehrlichen, intelligenten und humorvollen Partner zwecks Erkundung gemeinsamer Interessen«. Ist ein Freizeitpartner so tolerant, daß ihn ein Kind seiner Freundin nicht stört, kann er auch von dem Angebot der einen oder anderen geschiedenen Dame Gebrauch machen, die nicht (oder nicht so schnell wenigstens) wieder heiraten möchte, aber auch nicht mit ihrer Restfamilie die Feierabende und Sonntage allein zu verbringen gedenkt, sondern lieber ein männliches Wesen als schöne Ergänzung dabei sieht. Wie etwa die 33 Jahre junge Dame mit einem 7jährigen Sohn, die sich für die freien Stunden einen »Akademiker bis um die vierzig« wünscht.

Einen Nebenton unangenehmer Art mag man heraushören bei einer Anzeige, die eine 36jährige mit elfjähriger Tochter aufgibt: der Wunschpartner darf bis zu 55 Jahren alt sein, und »Geist, Humor, Toleranz« von ihm zu verlangen ist auch nichts Schlimmes, aber daß er als »solvent« angesprochen wird, ist weniger schön. Erst recht, wenn er »zwecks Dauerbeziehung« gesucht wird und der Sperrvermerk »Heirat nicht erwünscht« ausdrücklich im Anzeigentext verankert ist. Auf längere Sicht darf er also nicht nur die Freundschaft dieses weiblichen Wesens geniesen und sich in den freien Stunden einer Quasi-Familie erfreuen, sondern auch ebenso lange bezahlen. Nun ist es in der Weltgeschichte nichts Neues, daß Herren, die es sich erlauben können, eine Frau aushalten, wie man es früher nannte. Neu ist nur, daß Damen solchen Wunsch per Zeitungsanzeige kundtun.

Schon anders steht es um die Erwähnung des Finanziellen, wenn Freizeitpartner, gut bei Kasse, gesucht werden, ohne daß von einer langjährigen Verbindung die Rede ist. Hier spielen sicher oft Überlegungen der Parität eine Rolle. Wer einen gewissen Lebensstandard gewöhnt ist, möchte seine Freizeit mit einem Partner verbringen, der ebenfalls in der Lage und willens ist, sich dies etwas kosten zu lassen.

Recht abenteuerlustig ist bei näherem Betrachten jene »außergewöhnlich attraktive blonde Sie« im jugendlichen Alter von 21 Jahren, die unter der fettgedruckten Anzeigenüberschrift »Lieben Sie das Besondere?« einen großzügigen und gutsituierten Geschäftsmann für gelegentliche Treffs sucht (auch tagsüber). So ganz aus der Welt von gestern kann die Schöne ja nicht sein, um sich nicht an den Fingern ihrer zwei Hände ausrechnen zu können, wie viele Liebhaber des attraktiven Jugendblond sich auf der Stelle melden werden. Der deutschen Männer überdrüssig ist — vielleicht aus guten Gründen, doch darüber könnte sie nur selbst Auskunft geben — eine Frau, die über sich selbst gar nichts sagt. Sie bietet jedoch »bei gegenseitiger Zuneigung« einem Afrikaner eine liebevolle Heimstatt. Kandidaten über Dreißig und ab 1,78 Meter Körpergröße haben eine Chance, wenn sie überdies noch versprechen, »treu und zuverlässig« zu sein.

Lustig scheint es in jedem Falle zuzugehen bei zwei Damen, die gemeinsam Männerbekanntschaften suchen: eine Tante mit ihrer Nichte. Aus dem gewünschten Alter der Männer, mit denen man ausgehen möchte, läßt sich schlußfolgern, daß sie auch selbst noch recht unternehmungslustig sind: 55 und 25 Jahre alt sollen die Herren sein. Zirka, versteht sich. Und strenge Beaufsichtigung der Nichte durch die Tante möchte man bei dieser lapidaren Kleinanzeige ausschließen. Nur daß die Treffs gemeinsam stattfinden werden, wird avisiert. Aber was heißt das schon, möchte man den unternehmungslustigen Herren als Rat mit auf den Weg geben, bevor sie Tante und Nichte in Augenschein nehmen. »Nette männliche Wesen« ist die einzige im Inserat genannte Bedingung.

Welche Dame hat Lust, die »Offene Ehe«-Hälfte eines Löwen zu werden? Zu deutsch: ein im Sternbild des Löwen Geborener sucht eine Partnerin, die (wie lange?) bei ihm bleibt, mit ihm ohne Trauschein zusammenlebt. Der Löwe ist zugleich ein »Fliegender Holländer«, wie es in der Anzeigenüberschrift heißt. Beruflich wechselt er alle fünf Jahre das Land, in dem er lebt und arbeitet. Nicht zuletzt deswegen soll die Bewerberin »kontaktfreudig, abenteuerlustig, belastbar sein«. Die Belastungen ergeben sich vielleicht auch aus dem Charakter des reisefreudigen Löwen: er bezeichnet sich selbst als »sensibel« und als »Epikureer«, also Genießer, der sein Interesse neben dem Beruflichen noch weitgestreut verteilt auf Literatur, Theater, klassische Musik und heißen Jazz, auf das Segeln und auf »Menschen«, wie er schlicht hinzufügt (hoffentlich nicht zu sehr auf andere Frauen, mag die Partnerin denken — aber wenn sie so »vorzeigbar« ist wie vom Inserenten gewünscht, könnte sie sich hier leicht revanchieren). Einen weiteren Slogan für das manchen zu schroff klingende Wort »geschieden« finden wir nebenher in dieser Anzeige: »second-hand«, aus zweiter Hand (sagt der Inserent von sich, wenn er auch, 44jährig, im übrigen »noch ganz gut beinand« zu sein behauptet). Nicht viel weniger aufregend wird es für die in einer anderen Anzeige gesuchte »Bordfrau« werden. »Segelyacht und dauerhafte Partnerschaft« erwarten sie. Und wenn sie das erwünschte »heiter sinnliche Wesen und Freude an Landschaften, Tieren, Reisen« mitbringt, ferner nicht älter als 35 ist, wird sich der inserierende »Skipper« freuen. Er ist Ingenieur und »eheerfahren«. Der Personenstand des gesuchten weiblichen Wesens ist unwichtig, wie er ausdrücklich im Anzeigentext sagt, nur sollte die Partnerin »innerlich frei und unabhängig« sein. Wie schön, wenn das so einfach mit der Partnerschaft geht. Und Fortsetzung gibt es »mit spontaner Freude am umfassenden Leben«, die der Herr Diplomingenieur als einzige konkrete Eigenheit von sich erwähnt, neben dem Alter (40) der Körpergröße (1,72) sowie dem Beruf. Was soll man hier sagen: »Schiff ahoi«?

Die meisten Bekanntschaftsanzeigen, die Männer aufgeben, vor allem die in den regionalen Zeitungen, sind aber weniger aussagekräftig. Die Vermutung, daß diese Männer, die nicht auf eine eheliche Verbindung abzielen, im Grunde nur »das Eine« suchen, ist aus der Sicht der Frauen, die Anzeigen lesen, nicht von der Hand zu weisen — während die Frauen, weil sie sich nicht nur als weibliche Wesen im Dienst der Männer fühlen — kraß gesagt als Sexualobjekte —, den Akzent gerne auf das Menschliche legen, was immer sie jeweils darunter verstehen. Mit anderen Worten: wenn eine Frau auf Suchanzeigen von Männern reagiert, die Freundschaft oder Bekanntschaft signalisieren, ist das Mißtrauen von vornherein groß.

Wie ein roter Faden zieht es sich schon durch die Analyse der eigentlichen Heiratsanzeigen, daß Frauen noch stärker als Männer bei der Partnersuche in einem traditionellen Denken befangen sind. ›Traditionell‹ ist hier nicht abwertend gemeint, sondern ganz einfach als Feststellung: überlieferte Verhaltensweisen herrschen den Anzeigentexten zufolge vor. Wieweit dies — denn wir alle sind Kinder unserer Zeit — nur Maskerade ist, wenn auch ein intensiv gepflegtes Make-up, ist eine andere Frage.

Denkbar wäre ja auch eine Art Spiegeleffekt: man zeigt sich so, wie man glaubt, von der anderen Seite gewünscht zu sein. Die inserierenden Männer wären also gar nicht so fortschrittlich — sie geben sich nur so, weil sie glauben, als »Chauvi« keine Chance zu haben. Und die Frauen fürchten, als unbequeme »Emanze« erkannt und gemieden zu werden? Jedenfalls ist es immer ein Abenteuer, sich auf sprachlich und aussagemäßig wenig ergiebige Anzeigen zu melden, um herauszufinden, welcher Mensch dahintersteckt. Gleich ein Dutzend oder mehr nahezu gleichlautender Anzeigen stehen zur Auswahl auf jeder Seite der Bekanntschaftsanzeigen. Die Frage stellt sich, ob solche Annoncen nicht einfach mit weniger Mühe getextet werden — 's ist ja nur für einen Sommer lang.

Die erste Auswahl kann daher bei solchen Anzeigen eigentlich nur nach dem Zufallsverfahren erfolgen. Viel Phantasie wenden vor allem die Männer nicht auf. Das liest sich dann so: »Er sucht jüngere, charmante Sie . . . Keine Heirat.« — »Junger Mann sucht Sie, intelligent, weiblich und tolerant, zwecks Freizeitgestaltung.« — »Dauerfreundschaft mit jüngerer, vollschlanker Dame sucht Geschäftsmann. . .« — »Junger Unternehmer . . . sportlich, strebsam, sucht mangels Gelegenheit Damenbekanntschaft.« — »Welche Dame . . . hat Lust, mit mir ab und zu spazierenzugehen?« — »Schüchtener junger Mann . . . sucht einfache Sie zwecks Wohngemeinschaft.« — »Lehrling . . . möchte zärtliche Sie kennenlernen.« — »Rentner . . . sucht Dame, schlank, temperamentvoll, häuslich . . . zum Verwöhnen.«

In frühere Zeiten des Großbürgertums und Kleinadels zurückversetzt fühlt man sich bei der Lektüre einer Anzeige, mit deren Hilfe eine Gesellschafterin respektive Hausdame von einem Herrn mittleren Alters gesucht wird. Charmant und kultiviert hat sie zu sein, und Hausarbeiten bleiben ihr selbstverständlich erspart (»ständiges Personal vorhanden«). Landhausaufenthalte im spanischen Andalusien warten auf sie, etwa vier Reisen von vier bis sechs Wochen Dauer alljährlich. Freizeit hat sie praktisch nach eigenem Ermessen, wenn man dem Angebot glauben darf: Sprachstudien, Golf, Tennis werden ihr offeriert und, wenn sie mag, auch das modische Surfen. In jedem Falle aber, so das fettgedruckte Stichwort der Anzeige, hat sie eine »Dame« zu sein. Wer auf sie wartet, wird nicht näher definiert, es inseriert nur der genannte »Herr mittleren Alters«. — »Kurzbewerbung erbeten. . .« Und »Vergütung« natürlich »nach Vereinbarung«.

Geradezu neudeutsch bietet sich demgegenüber ein 38jähriger Mann an, der sich ganz schlicht als »Millionär« bezeichnet und Damenbekanntschaft »zwecks gemeinsamer Freizeitgestaltung« sucht. Tennis und Skilaufen möchte er mit der neuen Freundin betreiben. Ebenso modern gibt sich ein Akademiker, der es offenbar in keiner Stadt ohne Freundin aushalten kann. Seine Übersiedlung nach Berlin steht bevor, und er »sucht dort im voraus mögliche feste Freundin«. Das Glück möchte er nicht dem

Zufall überlassen, sondern vertraut es der Kleinanzeige in der Lokalzeitung seines künftigen Wohnsitzes an. Vielleicht hat er Chancen, daß ihn bei der Ankunft schon ein attraktives weibliches Wesen erwartet, denn er bezeichnet sich als »Künstler« und »toleranten Normalmenschen«, zu dem ist er »blauäugig«. Gibt es Berlinerinnen, die dies mögen?

Reisende Geschäftsleute sind besonderen Versuchungen ausgesetzt. Fremde Städte, Hotelübernachtungen, das Getrenntsein von der Familie wirken sich aus, sie sind oft nur Wochenendgäste daheim. Die Flotten unter ihnen haben überall eine Freundin. Und wenn es zu zeitraubend ist, selbst auf Entdeckungsreisen zu gehen, inserieren sie einfach. So der Kaufmann, der »häufig in HH« (= Hamburg) weilt. Er wünscht sich die »Bekanntschaft einer toleranten aufgeschlossenen Dame bis 53 Jahre«. ›Tolerant‹ dürfte hier einen klaren Sinn haben. Ein anderer Kaufmann wirbt in Hamburg mit den Slogan »Lieben Sie Düsseldorf?« Er »wünscht sich attraktive tolerante Begleiterin«. Ebenfalls »häufig in Düsseldorf« ist ein Stuttgarter Geschäftsmann; er »sucht die Bekanntschaft einer jüngeren, gepflegten Dame« mittels Partneranzeige in einer Düsseldorfer Zeitung.

Wer sich aber als »diskreter Gesellschafter für alle Fälle« ausweist, und zwar für jede »großzügige, gutsituierte Dame«, bewegt sich schon hart an der Grenzlinie zwischen Bekanntschaft oder Freundschaft und kommerziellem Tun. Er fühlt sich zuständig »für alles, was erst zu zweit möglich ist«. Alter und Aussehen der gesuchten Partnerin(nen) sind erklärtermaßen unwichtig. Eine Berliner Adresse in diesem Falle, ein motorisierter Ingenieur, aber solche Anzeigen gibt es in allen Ländern unserer Republik.

Reiseabenteuer

Reisen bildet. Und Reisebekanntschaften sind oft die interessantesten. Wer es aber nicht dem Zufall überlassen will, was und wer ihm unterwegs begegnen könnte, plant dies im voraus. Per Kleinanzeige, das ist so bequem und kostet nicht einmal viel. Der ›Erlebnisurlaub‹ ist damit perfekt — vorausgesetzt, man hat richtig inseriert. Einige Muster:

So ist dem unternehmungslustigen Manne, der im November und Dezember vier oder sechs Wochen Zeit hat, während einer Ostasientour medizinische Betreuung sicher — man kann ja nie wissen, dort in dem gefährlichen Klima. Er braucht nur auf das Angebot einer Ärztin einzugehen, die solchen weiten Trip plant und männlichen Begleitschutz sucht. Exotik verbindet sich hier mit (beiderseitiger) Sicherheit, ein verlockendes Angebot!

Nicht näher definiert ist ein »Abenteuerurlaub Oktober«, für den eine »aparte Frau mit Niveau begeisterungsfähigen Partner« sucht. Worin das Aparte besteht, bleibt der männlichen Phantasie überlassen, es muß sich wohl um eine schöne Frau handeln, die abseits gewohnter Pfade Urlaub erleben will. — Eindeutiger inseriert schon eine »attraktive Sie«, die einen »gebildeten, toleranten Reisebegleiter« finden möchte. Hier ist allerdings 15- und 16jähriger Anhang der Dame einzukalkulieren.

Was immer auch unter einer »fröhlichen Urlaubsmaus« zu verstehen ist, ein »alltagsgestreßter Hamburger Kater« hat die Idee, mit der Suche nach einer solchen im voraus das leidige Problem der Urlaubsliebschaft klarzustellen. »Mutige Bildzuschrift« erwartet er von »sportlichen, romantischen, selbständigen Damen«. Die Telefonangabe soll ihm die Vorauswahl erleichtern. Und Bilder garantiert zurück. Das ganze Abenteuer der eigenen Suche am schönen Urlaubsort möchte er sich ersparen, denn jeder Tag der kostbarsten Zeit des Jahres verrinnt ja so schnell. Da ist schon der Start mit dem Jet — die Anzeigenbegleiterin neben sich — das erste gemeinsame Erlebnis.

Ob man gemeinsame oder getrennte Kasse machen will, ist nicht unbedingt ein Indiz für die Art des Urlaubs. So sucht ein 58jähriger Herr bei getrennter Kasse eine »tolerante Reisegefährtin«, also nach dem Sprachgebrauch heutiger Kleinanzeigen eine Frau, die vor Intimitäten nicht zurückschreckt. Trotzdem ist das Angebot erst ganz eindeutig, wenn die Angelegenheit für sie kostenfrei bleibt. Denn das bietet man einer selbstbewußten Frau von heute nur an, wenn man sich ihres ›Wohlverhaltens‹ sicher ist oder dieses erwartet. Freie Fahrt und Unterbringung im eigenen Haus des Inserenten wird da in einer Anzeige angeboten, Swimmingpool natürlich vorhanden. Er selbst ist 50, die Urlaubsfreundin soll ein paar Jahre jünger sein, so um die 38 bis 42. Leider sagt er nicht, ob Spanien oder Griechenland oder nur Bayern, aber das spielt in diesem Falle wohl nicht die Hauptrolle. Liebe ist mehr als Landschaft.

Totzdem lockt die Ferne. Eine »rundum sympathische, natürliche und attraktive Frau« hat die Chance, eine mehrwöchige Kennenlern-Reise quer durch die USA mitzumachen. Ist sie blond, bis 35 Lenze jung, wäre ein »lebens- und eheerfahrener Herr« nicht abgeneigt, selbstverständlich nach vorherigem Kennenlernen, mit ihr eine Goodwill-Tour durch die Neue Welt zu unternehmen, »als Auftakt für eine neue Bindung«, die er ersehnt.

»Getrennt lebend«

Für viele mag es eine Schwelle sein, die sie nicht leicht übertreten, wenn ein Inserent seinen Familienstand bereitwillig als »getrennt lebend« angibt. Denkt man. Die Ehescheidung ist also noch nicht vollzogen, Probleme sind in aller Regel noch zu erwarten. Die Chancen stehen trotzdem nicht schlecht, scheint's.

So hofft auf Antwort(en) eine »rothaarige, sommersprossige Frau, getrennt lebend, zwei Kinder«, sie sucht ganz unbekümmert einen »lustigen, möglichst bärtigen Freund«. Nicht wenige alleingelassene Muttis — »übriggebliebene Ehehälften«, wie eine von ihnen sagt — suchen nach Partnern für die einsamen Stunden. Und viele Männer, die noch nicht geschieden, aber allein sind, tun es diesen Frauen gleich. Das geht bis ins hohe Alter. So der 76jährige Opa, Nichtraucher, getrennt lebend, er sucht eine »mollige Freundin«.

Noch einen Schritt weiter gehen die Bekanntschaftsanzeigen, die von Verheirateten aufgegeben werden. Sie umschreiben ihren Familienstand diskret mit »nicht ungebunden« oder so ähnlich. Unsere Zeitungen nehmen heute auch solche Kleinanzeigentexte in ihre Spalten auf. Auch hier geht das Bedürfnis bis ins fortgeschrittene Lebensalter: »Er, 65, vital, nicht ungebunden, sucht üppig mittelschlanke Sie zur Freizeitgestaltung«. Da man annehmen darf, daß er mit 65 rund um die Uhr Freizeit hat, sind seiner Vitalität wohl keine Grenzen gesetzt, soweit die wachsame Ehefrau seine Aktivitäten nicht durchkreuzt.

Aufgeschlossenes Paar

Nicht nur Einzelgänger suchen per Zeitungsanzeige Partner, auch Paare melden sich zu Wort. Man möchte die freie Zeit nicht allein verbringen, ist irgendwo in einer Stadt fremd, die Wohnsilos unserer Großstädte isolieren oft mehr, als daß sie Kontakte fördern. In den regionalen Zeitungen findet man ständig Annoncen wie diese: »Ehepaar, 30, sucht Ehepaar zwecks Freizeitgestaltung.« Oder: »Junges, gutsituiertes Ehepaar mit Kind sucht Freundschaft mit entsprechender Familie.«

Die wenig aussagekräftigen Anzeigen nach der Art der erstgenannten sind freilich für den Zeitungsleser tückisch. Er weiß nicht, was ihn erwartet, wenn er einen Antwortbrief schreibt, seine Adresse und Telefonnummer bekanntgibt. Ein paar Worte mehr im Anzeigentext könnten nicht schaden, so teuer ist das Annoncieren schließlich nicht, denkt er. Eine nette Freundschaft, die sich zwischen zwei Familien entwickelt, sollte die paar Mark wert sein. Manche Paare scheuen ja auch diese Ausgabe nicht und finden so schneller die richtigen Partner für gemeinsame Hobbys. — Doch ein Blick über weitere Kleinanzeigen dieser Art macht nachdenklich. Man findet bald heraus, daß das Paar, das ein Paar sucht, häufig von der Sprachbarriere, die in einer seriösen Zeitung immer noch aufgerichtet ist, daran gehindert wird, sich offener zu erklären. Dies hier geht schon einen Schritt weiter: Ein Ehepaar sucht nette Freunde, unter Angabe des eigenen Alters, bietet aber »Mitbenutzung unserer Privatsauna«. Und das inzwischen eindeutig belastete Wort vom »gleichgesinnten Paar« sollte jeder seriöse Inserent tunlichst vermeiden, wenn er keine Sexangebote erwartet. Zur Vermeidung von Mißverständnissen ist es schon besser, Genaueres zu sagen, etwa: »Wir gehen gerne aus, diskutieren, reisen, essen gerne gut« usw.

Die farblosen Suchanzeigen nach dem Muster »Ehepaar sucht Ehepaar zwecks Freizeitgestaltung« gehören jedenfalls schon einer undurchsichtigen Grauzone an, die alle Deutungsmöglichkeiten offen läßt. Eine Test-Anzeige brachte elf Zuschriften; sieben davon waren eindeutige Sexangebote, drei Briefe enthielten Aktfotos. Auch diese Redensart wird also inzwischen als Code benutzt, mit dessen Hilfe sich Leute untereinander verständigen, die sehr wohl wissen, was sie suchen, und erst gar nicht Begriffe wie »aufgeschlossen« oder »gleichgesinnt« verwenden.

Lebenszeichen aus dem Gefängnis

Gelegentlich sieht man Partneranzeigen, in denen gesagt wird, daß der Inserent inhaftiert ist. Keiner weiß, wie viele Annoncen, die diesen Zusatz nicht enthalten, von Strafgefangenen aufgegeben werden; erst im Briefkontakt werden diese sich dann näher erklären, vorher haben sie es nicht gewagt — aus Furcht, keine Zuschriften zu bekommen. Und erhalten sie Antwort auf Annoncen, in denen ihre jetzigen Lebensumstände erwähnt sind, kommen die Reaktionen häufig aus dem Milieu, das ihnen am wenigsten guttut: von Prostituierten, von Süchtigen, die selbst jemanden brauchten, der ihnen weiterhülfe. Kontakte, die sich hieraus ergeben, sind in aller Regel zum Scheitern verurteilt. Warum geben Strafgefangene aber trotzdem Anzeigen auf?

Ganz praktische Erwägungen stehen hierbei im Vordergrund.

Einem Menschen Briefe schreiben dürfen bedeutet für den Inhaftierten ungleich mehr als für einen in der Freiheit Lebenden. Die Isolation ist an einer Stelle durchbrochen, wenn Briefe hinausgehen, hereinkommen. Und es gibt Besuch! Und die drei erlaubten Geschenkpakete, zu Weihnachten, Ostern und zum eigenen Geburtstag, stehen in Aussicht. Und nicht zuletzt: intern, im Gefängnishaus läuft ja auch nicht immer alles so vorbildlich und reibungslos zwischen Beamten und Gefangenen ab, es gibt Reibereien, größere und kleinere Querelen; es ist eine praktische Hilfe für den Gefangenen, der vorher ganz auf sich allein gestellt war, wenn auch die für ihn zuständigen Beamten wissen, daß da draußen jemand ist, dem dieser Gefangene »alles erzählen wird«, der Umgang mit diesem Gefangenen bleibt dann eher im Rahmen von gut ausgeübter Pflicht. Dies ist eine Erfahrung von Betreuern, die sich von draußen her einzelner Gefangener annehmen.

Hinzu kommt, daß ein Strafgefangener draußen einfach eine Adresse braucht. Viele sind ganz auf sich gestellt oder von der Ehefrau verlassen oder bei der Familie ›abgemeldet‹. Urlaub aus dem Gefängnis, den es von einer bestimmten Zeit an und unter bestimmten Auflagen gibt, ist nur möglich, wenn man eine Adresse hat. Und für die eventuell vorzeitige Entlassung spielt diese Adresse die größte Rolle. Aber trotzdem werden all diese Motive noch überlagert von etwas viel Einfacherem: dem Wunsch, einen Menschen zu finden, dem man sich anvertrauen darf, dem gegenüber man Gefühle haben darf; die bei langer Haft für die Psyche tödliche Isolierung wird durchbrochen. So sind diese Anzeigen im ganz wörtlichen Sinne Lebenszeichen aus dem Knast, mögen sie noch so einfach formuliert sein oder, die andere Variante, wortgewandt auf das Mitleid spekulieren.

Einen Sonderfall solcher ›Spekulationsanzeigen‹ stellt die Annonce dar, die das schwarze Schaf einer angeblich gutsituierten Unternehmerfamilie aufgegeben hat. Neben allerbesten menschlichen Qualitäten, auf die er »eine neue Zukunft aufbauen möchte«, nämlich »Sensibilität, Treue«, und Geborgenheit, die er sich wünscht, versichert er, daß das Konsumdenken an die zweite Stelle rücken muß. Trotzdem weiß er zu berichten, daß er beruflich gesichert sei, »zuletzt Projekt-Manager in CH«, und die gute Familie dazu im Hintergrund. Man fragt sich, was solch ein wunderbarer Mensch (»r.k., humorvoll, tolerant«) überhaupt Böses getan haben könnte, daß er im Knast gelandet ist. Er bekennt es freiwillig: eine Wirtschaftssache. In Klammern steht's, wie zur entschuldigenden näheren Erklärung. Irgendeine kleine Millionenbetrügerei? Denn so ohne weiteres geht man doch nicht ins Gefängnis wegen Wirtschaftssachen. Wie hoch war der Schaden, den er verursacht hat? Und wie hoch ist demgegenüber der Schaden, den etwa ein kleiner Rückfalldieb angerichtet hat, der irgendwo — weniger wortgewandt — in seiner Zelle sitzt und von der Freiheit träumt? Dieser Herr aus CH aber, der in einer großen überregionalen Zeitung inseriert, deren Wirtschaftsteil ihm von früherer Lektüre her gut bekannt sein mag, spekuliert auf das Mitleid einer »christlich gläubigen jungen Frau«, die er in der fettgdruckten Anzeigenüberschrift anspricht.

Biete Afrikaner, Größe ab 1,78, Alter ab 30, bei gegenseitiger Zuneigung schönes Zuhause. Er muß treu und zuverlässig sein. [redacted]

Künstlerin i. R. wünscht Bekanntsch. mit stattl. gutsituiert. Herrn o. Anhg., bis ca. 70 J., für gemeins. Ausflüge und frohe Stund. mit Tanz, Sex unerwünscht. Foto erbeten. [redacted]

Jg. Deutsche sucht Chinesen zur gemeinsamen Lebens- u. Freizeitgestaltung. Nur ernstgemeinte Zuschr. mit Bild (garant. zur.) an [redacted]

Dame, alleinstehend, sucht gebildeten Herrn bis 70, mit Auto und Telefon, für Freizeit, auch Wohngemeinschaft. [redacted]

Ehepaar, 43/36, Wesel, sucht zwecks moderner Geselligkeit Ehepaar oder Party-Kreis. [redacted]

Mit wem kann ich, 58, jugendlich (durch Unfall 2. Wahl), Freizeitstunden verbringen? [redacted]

Nicht auch noch den Sommer allein verbringen! Zierliche, blonde Sekretärin, 32 Jahre, sucht einen ehrlichen, intelligenten und humorvollen Partner zwecks Erkundung gemeinsamer Interessen. [redacted]

36jährige, 1,63 m, dunkelhaarig, m. Tochter, 11, sucht solventen Herrn, 40–55 J., mit Geist, Humor, Toleranz, zwecks Dauerbeziehung, Heirat nicht erwünscht. [redacted]

„Altmodische" Qualitäten wie Verwantwortungsgefühl, Treue, Religiosität, dazu Toleranz, Aufgeschlossenheit, Humor, Zärtlichkeit und geistige Interessen sucht Lehrerin, 40/164/65, blond, kath., bei einem Partner für sich und ihre Tochter (10, adoptiert). [redacted]

Zärtliche Verbindung im goldenen Herbst

wünscht warmherz. attr. DAME sich u. einem geb., klugen, ritt. HERRN ab 55 J. Bin zwar weise, da gerade 60 J., m. gut. weibl. 173 gr. Figur, blond, Akadem.Wwe., lebenserfahren, aber auch temperamentvoll u. rundumgescheit m. mus. Int., treue, zuverl. Kameradin, Sekretärin, Chauffeuse u. verständnisvolle Geliebte — natürlich a. Hausfrau! Eleg. gemütl. E-Whg., Auto, Putzfrau und Humor vorh. [redacted]

Witwe, 70, wünscht einen guten Freund aber keinen Alkoholiker, [redacted]

Attraktive Löwin, 30, m. Charme u. Humor wünscht f. gem. Tagesfreizeit Bekanntschaft m. großz. Herrn. [redacted]

Tante und Nichte suchen nette männliche Wesen, ca. 55/25 Jahre, für gemeinsame Treffs. [redacted]

Kätzchen, 39 J/164, sucht Kater. Er sollte ein liebevoller treuer Kavallier sein. [redacted]

Exot. Girl 25/1,48, dkl. sucht einen netten Partner ab 30 für gelegentl. Treffs. [redacted]

Einsamkeit kann grausam sein. Witwe, 57 Jahre, dunkel, ohne Anhang, Neu-Berlinerin, wünscht die Bekanntschaft eines aufgeschlossenen, netten, kultivierten Herrn bis 68 Jahre. Gern mit Auto und Telefon. [redacted]

Dame, 46/1,64, su. Herrn z. Liebhaben in Wohngemeinsch. [redacted]

Lieben Sie d. Besondere?
Außergewöhnl. attrakt., blonde Sie, 21/1.70, su. a. diesem Wege gutsituierten, großz. Geschäftsmann f. gelegentl. Treffs, auch tagsüb. [redacted]

38jähriger, weltoffen, diskutierfreudig, unkompliziert, Bücher- und Musikfreund, Griechenlandfan, mit publizistisch. Ambitionen, sucht Partnerin! Alter/Aussehen nebensächlich. Raum [redacted]

Ein afrikanischer Student, jung, 1,68, möchte gerne eine Frau kennenlernen. [redacted]

Junger Unternehmer, 28/180, sportlich, strebsam, sucht mangels Gelegenheit Damenbekanntschaft. [redacted]

Schütze-Frau, 40 Jahre, 160 cm, geschieden, 17jähriger Sohn, aufgeschlossen, tolerant, interessiert an Literatur und Theater, wünscht sich einen humorvollen, aufrichtigen Partner, Alter ca. 40–50 Jahre, Widder, Wassermann, Waage oder Löwe. Freue mich auf Ihre Zuschrift (evtl. Telefonangabe). [redacted]

Junggebliebene 40erin sportl. u. kulturell interess., su. einen Mann, nicht zum Heiraten, sondern nur zur gemeins. Freude am Leben. [redacted]

Ich, 21, 1,68, hab's satt, mir oberflächliches Gerede in Kneipen anzuhören. Suche zuverlässigen, ehrlichen Mann (25–30), der neben Vergnügungen noch andere Vorstellungen von Partnerschaften hat. [redacted]

Gesucht wird charmante und kultivierte

Dame

von Herrn mittleren Alters als Hausdame/Gesellschafterin für Landhausaufenthalte in Andalusien. Etwa 4 Reisen von 4-6 Wochen jährlich.
Gepflegtes Ambiente. Ständiges Personal vorh. Viel freie Zeit mit Gelegenheit für Golf, Tennis, Surfen, Sprachstudien etc. Vergütung nach Vereinbarung. Kurzbewerbung mit Foto erbeten an [redacted]

Gesucht wird von deutschem Herrn in Florida erfahrene Haushälterin, die lebensfroh, flexibel und ungebunden ist. Angebote bitte an [redacted]

Einem „Fliegenden Holländer“ folgen???

... müßten Sie aber, als „OFFENE EHE“-Hälfte eines Löwen, 44, 1,80, blond, sensib. humorvoll, Epikureer, second-hand, noch ganz gut beinand', der berufl. (dt. Kultur i. Ausland) ca. alle 5 Jahre ein neues Land anläuft. Interessen: mod. Literatur, Theater, klass. Musik, hot jazz, Segeln, Menschen. SIE sollten sein: humorvoll, zärtlich, kontaktfreudig, vorzeigbar, abenteuerlustig, belastbar, mögl. mit transportablem Beruf. Bildzuschriften unter [redacted]

Pädagogin, 35 Jahre, sucht Menschen, die an Meditation, vegetarischer Kost und alternativem Leben interessiert sind. [redacted]

Akademiker, Germanist, Künstler, toleranter Normalmensch, blauäugig, vielseitig interessiert, möchte im Herbst nach Berlin übersiedeln und sucht dort im voraus mögliche feste Freundin. [redacted]

Wer hat Mut? 36/181/105, Vollbart, Schiebedach, trotzdem sportlich, selbständig, bettelarm, nicht schön (wer ist das schon), aber selbstsicher um jede Frau zu verstehen. Na los, alle Bildzuschriften werden mit Sicherheit beantwortet. [redacted]

Sie sucht Dame ab ca. 45 zum Radfahren und Gedankenaustausch in Mönchengladbach. [redacted]

Kfm. 47, häufig in HH, wünscht Bekanntschaft tol. aufgeschl. Dame bis 53 J. [redacted]

Männlicher Wassermann, Mitte 30, sucht auf diesem Wege sympathische Menschen, die gerne miteinander reden und sonst aktiv sein wollen. Alter und Geschlecht spielen dabei keine Rolle. [redacted]

Wo lebt in Düsseldorf oder Umgebung eine Dame im Alter bis Ende 40 — schlank, gepflegt, gut aussehend — die an einer Bekanntschaft mit einem seriösen, gutsituierten Geschäftsmann (179 cm, 83 kg, Mitte 50), interessiert ist? Welcher sehr weibliche Mensch, apart, unternehmungslustig, tolerant würde eine sinnvolle Freundschaft — verbunden mit zärtlicher Liebschaft — gerne eingehen bei gegenseitigem Verstehen? Ich mag Theater, Musik, Oper, Reisen, Natur, gute Küche und vieles mehr und suche eine Frau, bei der Verstand mit Verständnis gepaart ist, die Sinn für Zärtlichkeit und Erotik hat, und die Sexualität als Ausdruck dieser Zärtlichkeit begreift. Wenn Sie eine solche Frau sind, würde mich ein Lebenszeichen (ggf. mit Bild), sehr erfreuen und zum näheren Kennenlernen liegt eine Einladung zu einer Italienreise im Oktober schon bereit. [redacted]

Los, wir gründen eine Clique! [redacted]

Er, 30, schlank, gebunden, sucht nette Sie bis 35. [redacted]

Großzügiger Geschäftsmann, 38, sucht junge Dame für gelegentliche Treffs. [redacted]

Lieben Sie Düsseldorf? H68. Kfm., 41/1,76, wünscht sich attr. tol. Begleiterin, [redacted]

BORDFRAU für Segelyacht und dauerhafte Partnerschaft gesucht mit heiter sinnlichem Wesen und Freude an Landschaften, Tieren und Reisen, bis ca. 35 J., Personenstand und -zahl unwichtig, jedoch innerlich frei und unabhängig, Raum Hannover bis Kiel.

SKIPPER ist Mitte Vierzig, 1,72, akad., Dipl.-Ing. arch., cheerfahren, mit spontaner Freude am umfassenden Leben. Zuschriften gerne mit Bild, evtl. Tel. unter [redacted]

Reise quer durch USA

als Auftakt für neue Bindung und gemeinsames Leben. Welche rundum sympathische, natürliche und attraktive Frau, gern blond und bis 35, wäre nicht abgeneigt, im Juni/August zusammen mit einem lebens- und eheerfahrenen Herrn, 41/1,81, schlank, naturliebend, tolerant, unternehmerisch tätig, nach vorherigem Kennenlernen mitzureisen? Zuschriften, möglichst mit Bild, aus dem Raum [redacted] erbeten unter [redacted]

Globetrotter, 32/173, mit Jeep, sucht für Urlaub im Süden nettes Mädel. Bitte Bilzuschrift unter [redacted]

Diskreter Gesellschafter für alle Fälle! Ing., 43 J., 1,80 groß, motorisiert, sucht großzügige, gutsituierte Dame für alles, was erst zu zweit möglich ist und/oder mehr Spaß macht. Alter und Aussehen ohne Bedeutung. Ihre Zuschrift wird garantiert beantwortet. [redacted]

Für Abenteuerurlaub Oktober sucht aparte Frau mit Niveau begeisterungsfähigen Partner um 45 Jahre. A[redacted]

Attraktiver Vierzigjähriger, tolerant, sucht interessante Begleitung, Herbst, Karibik, Kostenteilung. [redacted]

Für Urlaubsreise, Ende September 3 oder 4 Wochen, suche ich Urlaubspartnerin, ledig, zwischen 38 und 42, blond, selbst 50, Fahrt und Unterbringung (im eigenen Haus mit Schwimmbad) frei. Zuschriften mit Telefonangabe unter A[redacted]

Ärztin sucht zuverlässigen Begleiter für Rucksacktour, Ostasien, Nov./Dez. 4-6 Wochen. Zuschr. u. ✉[redacted]

Suche schlanke, vollbusigie Sie, die mit mir, männlich, 36, 3 Kinder, Anfang August in den Süden fährt. Keine Unkostenbeteiligung. [redacted]

Kostenloser Urlaub, Anfang August, Südeuropa, für schlanke Dame, 38–50 Jahre. Bildzuschriften, evtl. Telefonangabe, an [redacted]

Ich, wbl., suche einen kultivierten Menschen, der gleich mir etwas sportlich, mitteljährlich, seriös, etwas verwöhnt aber natürlich ist, sehr gut aussieht und ebenso gleich mir in besten Verhältnissen lebt, für kleinere und größere Autoreisen mit gel. Aufenthalt in guten Hotels. Wenn Sie aber auch gerne mal an einer Berghütte Rast machen und einen Führerschein haben so schreiben Sie mir bitte. Auto vorhanden. Zuschr. u[redacted]

Attr. Sie, 34 J., 1.60 m, schlank, mit Anhang (15 + 16) wü. gebil. toleranten Reisebegleiter. Zuschriften unter ✉ [redacted]

Fröhliche Urlaubsmaus gesucht von sonnenhungrigem, alltagsverstreßtem Hamburger Kater, 35/1,75, schlank, passabel, artig-wild. Auf, ihr sportlichen, romantischen, selbständigen Damen von 20–35, wagt eine mutige Bildzuschrift (gar. zurück) mit Telefonangabe. Bei Sympathie ist alles drin! [redacted]

Rothaarige, sommersprossige 39jährige Frau, getrennt lebend, 2 Kinder, sucht lustigen (möglichst bärtigen) Freund. [redacted]

Kleiner Stier, 27/165, gebunden, zierlich, hat sich nach [redacted] verlaufen. Wo ist der niveauvolle und tolerante Torrero, der die Umgebung kennt und Spaß an Unterhaltung, Kerzenlicht und Freude am Leben hat? [redacted]

Sekretärin, 32, 1,65, dunkel, mollig, getrennt lebend, ohne Anhang, sucht Partner ab 1,76, bis 50 Jahre, auch mit Kind. [redacted]

Rustiger 76er, Nichtr., 1,70, getrennt leb., sucht mollige Feundin. S[redacted]A

ARCHITEKT, selbständig, 50/176/72, getrennt lebend, Kinder im Haus, vielseitig, konservativ, anpassungsfähig und bereit, musisch, sportlich, vermögend, viel Freizeit, gut ausseehend, gesprächsbereit, sucht Lebens-GEFÄHRTIN, die bereits zu sich selbst gefunden hat. [redacted]

Er, 65 J., vital, nicht ungebunden, sucht üppig mittelschlanke Sie zur Freizeitgestaltung. Bildzuschriften (zurück) erbeten. [redacted]

Ehepaar, Mittelalter, wird Mitbenutzung unserer Privatsauna geboten. [redacted]

Ehepaar, beide 60, sucht für Freizeitgestaltung gleichgesinntes Paar. [redacted]

Junges, gutsituiertes Ehepaar mit Kind, 1½ Jahre, in Mönchengladbach, sucht Freundschaft mit entsprechender Familie. [redacted]

Charmante, gutaussehende Mutti, 37 Jahre, 1,65 groß, schlank, getrennt lebend, sucht intelligenten, lieben Partner, möglichst mit Bild und Telefon, [redacted]

Attraktive Sie, noch gebunden, 41/176/68, Schmusekatze, sucht liebevollen Feizeitpartner mit Niveau zum Tanzen und evtl. mehr, ab 187 cm, gerne jünger. [redacted]

Bauingenieur, 42 J., 1,80 m groß, häuslich, getrenntlebend, sucht jüngere oder gleichaltrige Freundin bzw. Familienanschluß. Behinderung kein Hindernis. [redacted] Postfach [redacted]

Ingenieur, 35/180, rotblond, ohne Kinder, in Scheidung lebend, hat sein humorvolles Wesen trotzdem nicht verloren und sucht neue nette Partnerin. Wohnung (130 qm) mit Garten und Swimming-pool [redacted] vorhanden. Bildzuschrift. [redacted]

Welche attraktive Dame, zärtlich, selbstbewußt, evtl. noch gebunden, bis 45, würde mit Endfünfziger, 90/189, gesund, vergnügt, vermögend, Nichtraucher, selbständig, etwas schüchtern, getrennt lebend, einen neuen Anfang wagen. D, W, EN. Erbitte Bildzuschriften mit Telefonangabe. [redacted]

Bist Du die christl. gläub. jg. Frau

gerne m. Kind, die mit mir von hier, z. Z. i. Haft (Wirtschaftss.) eine neue Zukunft aufb. möchte. Sensibilität, Treue u. Geborgenh. sollten uns erstlinig verb. u. das Konsumdenken an 2. Stelle rükken. Bin 27 J., 1,80 m, rk., dkbl., schl., gute Ersch., viels. interes., humorv., tolerant, beruflich ges., zuletzt Projekt-Manager in CH aus gutsit. Untern.-Fam. Bitte schreibe mir gleich, ich freue mich sehr auf Deinen Brief, auch fremdsprachig (m. Bild) und antworte sofort. Zuschriften bitte unter [redacted]

Clubfreunde

Unter dem Stichwort ›Geselligkeit‹ annoncieren in einer Regionalzeitung Einzelpersonen und Paare, die Partner für die Freizeit suchen. Es bilden sich auch Grüppchen, die sich als private Initiativen darstellen, die der Langeweile den Garaus machen wollen; sie suchen fröhliche Menschen, die mitmachen. Wer fühlte sich da nicht angesprochen, wennn er irgendwo allein lebt? Unverfänglich liest sich unter all diesen Kleinanzeigen dann auch diese: »Mitmachen! Nette, unkonventionelle Menschen für Freizeit, Tanz, Kennenlernen gesucht. Initiative Sowieso« (den Namen wollen wir hier nicht nennen). Telefonnummer folgt, und noch in Klammern der Hinweis: »Kein Institut«.

Ein Anruf bei dieser ›Intiative‹ widerlegte den Eindruck, daß hier das Kommerzielle ausgeschlossen sei. Ferner geht es da nicht um gemeinsames Tun in schöner Freizeit (»Wir haben noch keine Clubräume, das ist zwar in Vorbereitung, aber nicht der Hauptzweck unserer Initiative«). Auf die nachgesetzte Frage, wie das denn überhaupt funktioniere, kam die bereitwillige Auskunft, daß man ›Telefonspiele‹ organisiere. Ein Herr, der eine Dame kennenlernen wolle, und umgekehrt, habe auf diese Weise viele Möglichkeiten, mit netten Partnerinnen oder Partnern in Berührung zu kommen. Natürlich verursacht solch uneigennütziger Vermittlungs-Hilfdienst Kosten, die gedeckt werden müssen. Das angeforderte Imformationsblatt gibt hierüber Auskunft: »Die Mitgliedschaft beläuft sich auf ein Jahr, zu einem Monatsbeitrag von 39,— DM zuzüglich Mehrwertsteuer.« Wer Mitglied wird, und ohnedem läuft das ›Telefonspiel‹ ja nicht, legt zuerst einmal satte 528,84 DM hin. Genauer: »Der Beitrag wird monatlich per Bankeinzug erhoben, um den Verwaltungsaufwand nicht zusätzlich mit Rechnungsschreiben, Mahnen und Eingangskontrollen zu belasten.«

Neben dem ›Telefonspiel‹ gibt es auch noch die Chance, interessante Briefe zu erhalten. Denn man füllt bei Eintritt in diese ›Initiative‹ einen Personalfragebogen aus, der neben Alter, Beruf und anderem Fragen über Hobbys und Eigenschaften enthält, und eine Kopie dieses ausgefüllten Fragebogens wird »an für Sie interessante Partner weitergegeben«. Wer für mich interessant sein könnte, entscheidet man dort im Büro der ›Initiative‹. Damit nicht sofort ein Malheur passieren kann, wird meine Adresse und der Familienname abgedeckt auf den Kopien des ausgefüllten Fragebogens, die in die Welt verschickt werden, das heißt an andere Mitglieder (des anderen Geschlechts). Sind wir uns dann am Telefon sympathisch, liegt es an mir, Familiennamen und Adresse zu nennen. Korrekt, das Verfahren. Und Chancen habe ich noch und noch, wie mir das Info-Blatt verheißt: »Überall gibt es nette Alleinstehende. Menschen, die nicht etwa besonders kontaktarm sind, sondern die einfach aus Mangel an Gelegenheit (keine Disco-Typen oder Bargänger, dem Disco-Alter entwachsen, beruflich stark engagiert o.ä.) weniger Kontaktmöglichkeiten zum anderen Geschlecht haben oder auch sehr kontaktfreudig sind und auf diesem Wege weitere Kontakte suchen.« Aber man teilt mir auch vorsorglich mit: »Um Erfolg zu haben, ist es unumgänglich, längere Zeit erfaßt zu sein und ständig im Gespräch zu bleiben.«

Die Kleinanzeige, die nach privater Partnersuche aussah, entpuppte sich so als Inserat eines Partnervermittlungs-Instituts, trotz der Anmerkung »kein Institut«. Die auf Erfolg angelegte Vermittlung — Erfolg heißt hier das Zustandekommen einer Freundschaft oder Partnerschaft, wonach die weitere Mitgliedschaft für die frischgebackenen Freunde oder Partner in aller Regel uninteressant wird — ist klar eine Parallele zu den traditionellen Ehevermittlern, die teilweise auch schon dazu übergegangen sind, sich auf ›Bekanntenschaften‹ zu verlegen, um sich diesen interessanten Marktbereich nicht entgehen zu lassen. »Viele werden kein Jahr benötigen«, heißt es im Informationsblatt der ›Initiative‹. Wozu kein Jahr benötigen? Bis die Vermittlung zustandegekommen ist. Ein Geselligkeitsclub will mehr. — Ein kleiner Trost wenigstens: die Mitgliedschaft kann auch auf den Zeitraum eines halben Jahres beschränkt werden, wenn man nach sechsmonatigem ›Telefonspiel‹ sich privates Glück ertelefonieren konnte.

Nicht ohne eigene Räumlichkeiten zum Kennenlernen macht es dagegen ein ehemaliges Eheanbahnungsinstitut, das sich jetzt ganz auf die Vermittlung von bloßen Bekanntschaften verlegt hat, ohne den Mitgliedern gleich mit dem Schreckwort ›Ehe‹ zu kommen. Auch hier aber die Kleinanzeige, die (fast) privat wirkt, das Wort ›Institut‹ oder ein ensprechendes taucht nicht auf: »Alleine? Das muß nicht sein. Kommen sie doch einfach zu unseren Partner-Partys. Rufen Sie doch einfach mal an.« Telefonnummer folgt. Nähere Auskünfte übers Finanzielle gab es am Telefon nicht, auch keine Info-Schrift wurde angeboten, vielmehr bat man nach Art traditioneller Ehevermittler um persönlichen Besuch im Institut, bei dem alles Weitere zu besprechen sei. Nur soviel war klar: Es gibt dort kleine Gesellschaften, bei denen altersmäßig und auch sonst zueinander passende Partner männlichen und weiblichen Geschlechts miteinander bekanntgemacht werden. Interessant war — am Rande vermerkt — die Nervosität, mit der auf die Frage nach den Kosten reagiert wurde. »Sie könnten ja von der Konkurrenz sein«, hieß es. Der Markt scheint jedenfalls heiß umkämpft. Hier interessiert aber mehr der Mißbrauch der Kleinanzeige. Wenn nur der geübte Anzeigenleser weiß, was sich hinter solchen Annoncen verbirgt, ist das mißlich. Auch der ungeübte Zeitungsleser müßte im voraus klar erkennen dürfen, um was es sich handelt.

Voll zulangen (in die Brieftaschen der Partnersuchenden) möchte ein Club mit vielen Einzelveranstaltungen, Stammtischen, Ausflügen und so weiter. Auch zu ihm gelangt man über eine ganz harmlose kleine Zeitungsanzeige, die unter die Partnerannoncen eingereiht ist: »Bleib nicht daheim . . . Unternimm lieber etwas. Komm zu unseren Partys, Ausflügen, Grillfesten u.v.m.« Wieder die offene Telefonangabe, die an sich schon nahelegt, daß es keine ganz private Anzeige ist (doch gibt es in Einzelfällen auch völlig private Anzeigen mit Telefonnummer). Mit immer neuen, anders formulierten Anzeigen wirbt dieser Club, einmal den Vereinscharakter verschweigend, dann wieder offen mit der »Clubidee« werbend. Und vor allem wird natürlich in der Info-Schrift bestritten, daß kontaktarme Menschen den Weg zum Club fänden. »Menschen, die woanders keinen Anschluß finden? Alleinstehende, die glauben, als letzte Rettung bei uns einen Partner zu angeln?« Nein, niemals! Nur lebensfrohe, kontaktfreudige Menschen gibt es im Club, da ist immer was los.

Ist solch ein Club tatsächlich für viele »die letzte Rettung« bei Partnersuche? Welch primitive Psychologie, den Lesern der Informationsschrift unterzujubeln, so etwas gäbe es nicht — gerade in einem derartigen Club, der ganz bestimmte Zielgruppen anspricht, wie aus den mehrfach widersprüchlichen Texten des auf bestem Papier gedruckten, vierseitigen Info-Blattes hervorgeht. Da heißt es z.B.: »Unsere Clubinteressenten setzen sich mit uns aus den verschiedensten Gründen in Verbindung: man ist völlig am Boden zerstört, nach einer schlimmen Scheidung zum Beispiel, hat ein seelisches Tief zu bewältigen oder braucht einfach nur Tapetenwechsel.« Also die ganz problemlosen, fröhlichen Clubfans sind es nicht, die sich dort tummeln, vielmehr sagt das Info: »Der Club ist die beste Therapie . . . « Gegen Kontaktarmut, natürlich.

Was kostet diese Therapie? »Unsere Clubmitglieder zahlen einen Jahresbeitrag, den jeder Geldbeutel verkraften kann.« Nämlich genau 890 Mark im ersten Jahr, für jedes weitere Jahr 490 Mark. Die Beiträge erhöhen sich bei monatlicher Zahlung um 12 Prozent Teilzahlungszuschlag. Natürlich ist hier nicht von Gewinn die Rede. »Schön wäre es, wenn man von Geld gar nicht reden müßte. Aber Insertion, Organisation, Musik, Räume etc. wollen nun mal finanziert sein.« Welcher vernünftig denkende Mensch verstünde das nicht?

Wem es aber auf Partnersuche ankommt und wer außerdem bereit ist, einen ähnlichen Betrag zu investieren, dürfte sich vor Zuschriften von netten Mitmenschen nicht retten können, wenn er soviel Geld in eigene Kleinanzeigen investierte . . . Jeden

Monat könnte er eine wunderbar getextete Annonce placieren, rein theoretisch; aber das ist wohl nur zwei bis dreimal nötig, um ganz sicher zu gehen, auch die bestmöglichen Freizeitpartner zu finden. Angesichts solcher fast ausrechenbarer Erfolgserlebnisse möchte man ausrufen: »Das wär riesig!« (Spruch der Clubsekretärin nach meiner Ankündigung, dem Club beitreten zu wollen — denn ohnedem war sie nicht willens, das Geheimnis der Mitgliedsbeiträge zu lüften; freilich wartet sie, wenn sie mich nicht längst vergessen hat, noch heute darauf, daß ich wiederkomme, um einen Scheck über 890 Mark abzuliefern und per Unterschrift meine Mitgliedschaft tatsächlich beginnen zu lassen.)

»Hübsche Mädchen, einsame Frauen«

Einen bunten Bilderbogen mit über 20 mehr oder minder attraktiven Frauen- und Mädchenbildnissen handelt sich ein — noch kostenlos —, wer auf eine andere Kleinanzeige schreibt, die den Partneranzeigen untergemischt ist. Freilich ist hier leichter erkennbar, daß es sich um Kommerzielles handelt. Ein Verlag Sowieso bietet an: »Hübsche Mädchen in . . . (folgt der Ort, in dem die Anzeige erscheint, und diese Anzeige erscheint in vielen deutschen Großstädten) und einsame Frauen möchten einen Partner, einen Freund. Postkarte genügt: ›Bitte kostenlos Fotoliste NRW‹ (oder Bayern oder Hessen etc.) . . . «

Neben den sich mehr oder minder züchtig entblößt zeigenden Damen auf den bunten Bildern wird reichliches Informationsmaterial mitgeliefert, wie man zu Damenbekanntschaft gelangt. Es ist sehr einfach, denn »diese Damen wohnen in Ihrer Nähe«. »Diese«, das sind nicht die bunten, aber immerhin 200 andere, die mit Schwarzweißfoto und Minibeschreibung auf A-5-Blättern angeboten werden. Zum Beispiel: »Lehrerin, 36 Jahre alt, 175 cm groß, ehrlich. 11014.« Oder: »Kaufmännische Angestellte, 31 Jahre, 169 cm groß, sparsam und friedlich. 13020-31.« Oder: »Schülerin, 19 Jahre alt, 162 cm groß, tolerant. 13505.« Die geheimnisvollen Zahlen hinter den knappen persönlichen

Daten sind die Kennziffern, die man auf dem ebenfalls beiliegenden Bestellschein angeben darf. Tatsächlich, man kann sich Damen »bestellen«. Auf den Schwarzweißfotos werden die Kennziffern aus den Texten wiederholt: wie auf Polizeifotos, ist der erste Eindruck.

Eine Garantieerklärung wird mitgeliefert. Nach Ausfüllen des Bestellscheins erhält man die Adressen der ausgesuchten Damen (oder, wenn man sich nicht entschließen kann, trifft der Verlag eine Auswahl »nach Ihren Wünschen«, die man auf dem Bestellbrief näher definieren kann). Garantiert wird, »daß die vermittelten Anschriften richtig und vollständig sind«, und man sorgt auch vor: »Sollte eine Dame nicht mehr frei sein oder aus unserem Verschulden (also dem Verschulden des Verlages, was immer das bedeutet!) ein Treffen nicht zustandekommen, erhalten Sie nach unserer Wahl kostenlos eine andere Dame. Oder anteilig Ihr Geld zurück.« Wie in einem Warenhauskatalog, nur daß man hier kostenlos eine Dame erhält, als Ersatzlieferung . . . »Wann bekomme ich die Damen?« heißt es folgerichtig weiter im Prospekt. Die Antwort heißt: »Etwa 8 Tage nach Eingang Ihres Antwortbrief-Bestellscheins und des Geldes.«

Für 60 Mark liefert ein anderer Verlag die Anschriften von vier Damen, für 100 Mark die von neun Damen. Will man aber vorab Näheres über die Damen erfahren, denen man seine Aufwartung machen möchte, das ist etwas »für sehr anspruchsvolle Herren«, so kostet die Information über vier Damen einen Hunderter und über neun Damen zwei blaue Scheine. Hier gibt es sogar das Superangebot mit 22 Damen für vierhundert Mark. Über jede dieser Damen, zu denen man die nähere Information einkauft, wird ein mit 60 persönlichen Daten gespickter Brief verschickt. Man weiß dann schon fast alles über sie, ob sie lieber surfen oder stricken in der Freizeit und was es sonst noch Interessantes gibt. — Man bezahlt »hier beiliegend in bar: so geht es am schnellsten«, oder per Bank, Postscheck etc.

Es müßte schon mit dem Teufel zugehen, wenn nicht für jeden

Interessenten etwas dabei wäre. In ganz Deutschland gibt es Adressen. »Denn wir haben die meisten Mädchen und Frauen (zur Zeit etwa 3000).« Als ob sie tatsächlich mit der Ware Mensch Handel betreiben, wird hier formuliert, während sie Adressen mit oder ohne persönliche Daten verkaufen. Aber man möchte fragen, wie es im Prospekt vorformuliert ist: »Was sind das für Mädchen und Frauen?« Die Antwort: »Alle wollen nicht länger alleine sein. Alle warten auf einen Mann, einen Freund, einen Partner. Für den Abend, das Wochenende, den Urlaub, für die Liebe. Für die Freizeit, für's ganze Leben?« Dreitausend mal Einsamkeit: um dieses unglückbringende Phänomen zu bannen, muß schon ein gewisser Aufwand getrieben werden, eine Organisation geschaffen sein, ein Vermittlungsdienst, ein Verlag, der sich ganz dieser Aufgabe widmet.

Von Köln bis Kuala Lumpur

Die Geschichte beginnt wieder mit einer unscheinbaren kleinen Annonce unter den Partnergesuchen in der Wochenendausgabe einer Regionalzeitung. Ein ›Spezialversand‹ tritt diesmal in den Dienst der Mitmenschlichkeit. Er sieht seine Aufgabe sogar weltweit. Was geschieht, wenn ich mich vertrauensvoll an diese Institution wende? Hilft sie mir, meine Einsamkeit zu überwinden?

Denn das Wort EINSAM kommt mir als erstes in Großbuchstaben entgegen, wenn ich die per Postkarte angeforderten Unterlagen auseinanderfalte. Aber es ist mit einem ebenso großen Fragezeichen versehen. Recht so, denn »wir haben für Sie viele hundert Anschriften und Fotos hübscher Girls, die Sie gern kennenlernen möchten. Es liegt jetzt bei Ihnen, diese Chance wahrzunehmen! Nur ein kleiner Schritt — und Ihre geheimsten Wünsche können morgen schon Wirklichkeit sein.« Zwei Schwarzweißportraits von langhaarigen Schönen zieren das Blatt links oben und rechts unten. Was ich möchte, sagt man mir : »Sie suchen eine nette Partnerin für Brieffreundschaft, Bekanntschaft, gemeinsame Urlaubsreisen, Freizeitgestaltung.«

Auf der Rückseite des postkartengroßen Blattes kommt man zum Geschäftlichen. »Sind Sie interessiert, eine nette Partnerin kennenzulernen, dann füllen Sie noch heute diese Bestellkarte aus und senden Sie sie an uns zurück.« Name, Alter und Anschrift bitte angeben. Und: »Ich interessiere mich für Damen im Alter von . . . bis . . . Jahren.«

Durch intensive Werbung, heißt es weiter, sei man in der Lage, »laufend neue Partnerinnen zu einem vernünftigen Preis anzubieten«. Wieder Menschenhandel? Partnerinnen zu einem vernünftigen Preis?

Es wird nicht gesagt, ob es sich um individuelle Angebote handelt, die nach Ausfüllen der Bestellkarte auf mich zukommen, oder ob lediglich die auf der Postkarte anschließend erwähnte »neueste Foto-Auswahl« gemeint ist. »Mit mehreren hundert vollständigen Anschriften und ausführlichen Details.« Die Foto-Auswahl kostet 30 Mark. Per Zahlkarte auf Postscheckkonto Sowieso, oder man kreuzt an »soll per Nachnahme eingezogen werden«, oder man legt die Scheine in den Antwortbrief, das Einfachste.

Korrekt soweit, darf man sagen. Den Umstand abgezogen, daß ich eigentlich beim Lesen von Bekanntschaftsanzeigen und von Angeboten unter der Spalte ›Geselligkeit‹ nicht mit kommerziellen Anzeigen konfrontiert werden wollte. Und es ist auch korrekt, dem Besteller der Foto-Auswahl folgende Versicherung abzuverlangen: »Die mir überlassenen Anschriften und Fotos werde ich nur für mich selbst verwenden, mit größter Diskretion behandeln und auf keinen Fall Dritten zugänglich machen.« Denn die Dritten könnten sonst ja einfach die 30 Mark einsparen, würde ich nach Eigengebrauch die Liste an gute Freunde weiterreichen. Wer wollte das kontrollieren. Ich habe den Bestellschein nicht unterschrieben, da ich nur aus Neugier die Unterlagen hatte kommen lassen — wenn der ›Spezialversand‹ schon unter Partneranzeigen annonciert. Aber das Mirakel ereignete sich wenige Tage später . . .

Ohne die Bestellkarte ausgefüllt zu haben, ohne die Zahlkarte zum Postamt gebracht zu haben, und auch ohne daß ich dreißig Mark in neuen oder gebrauchten Scheinen direkt an den ›Spezialversand‹ geschickt hätte (ich bin doch nicht blöd, das ist zweimal ein bürgerliches Mittagessen in meiner Stammkneipe), stand wenige Tage nach Erhalt der Prospekte der Briefträger in der Tür und sprach von einer Nachnahmesendung. Einen Briefumschlag, der sich etwas dick anfühlte, hatte er zu präsentieren. Mein ›Spezialversand‹ hatte sich erlaubt, unbestellt etwas an mich auf den Weg zu bringen.

Die Neugier übermannte mich, die professionelle Neugier, zugegeben. Ich löste die Nachnahme ein. Zweiunddreißig Mark zwanzig. Eine 42-seitige Broschüre kam mir entgegen, als ich den Umschlag aufschlitzte. Auf dem Umschlag eine Weltkugel, davor eine Brieftaube mit einem Brief im Schnabel. Und der Firmenname groß aufgedruckt: mein ›Spezialversand‹. Weiß der Himmel, mit welchen Instituten oder Geschäftsunternehmen mein Versand zusammenarbeitet: dort stehen auf 42 Seiten Adressen aus aller Welt, und zwar von Männern und Frauen. Aus Kolumbien, Indien, Nigeria, Spanien, USA, Singapur, England, den Philippinen, Frankreich, Algerien, Malaysia, sogar ein paar aus Deutschland. Von Köln bis Kuala Lumpur reicht die Palette des Angebots.

Und zwar wird Brieffreundschaft angeboten. Aus aller Welt, wie schön. Ich hätte, wenn ich interessiert wäre, mich zugegebenermaßen auf attraktive Frauen aus deutschen Landen konzentriert. Aber für dreißig Mark solch eine Fülle des Angebots! Wer kann da widerstehen. Wer fühlt sich nicht animiert, nun Brieffreundschaften mit Bogota oder Singapur anzuknüpfen? In aller Bescheidenheit sei angemerkt: ich hatte keine Lust darauf. Auch das nähere Studium der auf Seite 2 befindlichen Erläuterungen der Code-Zeichen (eine irrsinnige Abkürzungszeremonie, um Platz zu sparen) langweilte mich. Als Muster einer Anzeige von vielen hunderten wird da auf Seite 2 angegeben: »2988-H-18 G, Kurt Müller, 1 Berlin 65, Postfach 169, 180-2-7-17 + 21-24-30-

40-54-55-56-100-D (16-17) G-S-E/d-e«. Was soll der Unsinn? Hier werden vom Geschlecht des Inserenten über seine Haarfarbe, Größe in cm bis zu Schulbildung und Beruf, Hobbys und Interessen, Nationalität und Sprachkenntnissen des Dargebotenen alle näheren Daten, in Zahlenkombinationen verschlüsselt, mitgeteilt. Sicher fällt es dem interessierten Leser leicht, nach Entschlüsselung dieses Musters alle auf den 42 Seiten vorkommenden Personenbeschreibungen schnell zu entziffern. Er wird dann seinen Briefpartner finden. Aber wer unterzieht sich der Mühe, alle diese Seiten nach hiesigen Lebensfreuden zu durchforsten? Das ist eine Feierabendbeschäftigung für mehrere Tage — und zum Schluß fühlt man sich irgendwie auf den Arm genommen. Dabei war die Sache so kostengünstig: für nur dreißig Mark . . .

Das Angebot des ›Spezialversands‹ geht noch weiter. Aufgestempelt auf der Rückseite des unaufgefordert übersandten Adressenverzeichnisses findet sich der Hinweis: »Wichtig! Unser Kundenservice sendet Ihnen weitere Angebote zum Sonderpreis per Nachnahme zu. Bei Nichtbedarf teilen Sie es uns bitte innerhalb 10 Tagen mit.« Melde ich mich also nicht binnen 10 Tagen mit der Androhung, den Briefträger mit weiteren Nachnahmesendungen dieser Firma zurückzuschicken, kommt Diverses auf mich zu, wie die auf demselben Rückblatt der Broschüre aufgedruckte Liste der ›Weiteren Angebote‹ ausweist: So »200 Adressen von Schwedenmädchen mit Details« für 30 Mark, »1 Kollektion Aktaufnahmen in DIN 4« für 30 Mark, »1 Adressenangebot pädagogisch erfahrener Damen (mit Wunschäußerung und speziellen Details)« für 40 Mark; also sadistisch vorbelastete Damen, die mich verprügeln wollen. Ferner: »Aus privaten Archiven halten wir für Sie noch nie veröffentlichte Bilder im Format DIN 4 bereit. Es handelt sich dabei um Stücke, die nur bei Masochisten und Flagellanten Interesse finden. Wir versenden diese Bilder zum Liebhaberpreis von 50 Mark.« Und: »Die nächste Ausgabe des Partnerkataloges für 20 Mark«. Zehn Mark gespart beim zweiten Mal . . . Alle fünf Angebote zusammen gibt es zum Sonderpreis von 150 Mark, welcher Vorteil.

Man geht sogar noch weiter im Sonderangebot: die nächsten vier Ausgaben des Briefpartner-Katalogs von Köln bis Kuala Lumpur kann man für sage und schreibe nur 70 Mark erwerben — soweit man die günstige Gelegenheit dieser Anschlußbestellung nutzt. — Wem wird nicht etwas übel dabei, wenn er als interessierter Zeitungsleser, als Liebhaber von Bekanntschaftsanzeigen aus purer Neugier sich einmal auf solche Geschäftemacher eingelassen hat?

Die auf das unkontrollierte Gefühlsleben vieler Zeitgenossen abzielenden Aktivitäten solcher Treffclubs und Briefclubs sind in Wirklichkeit modernere Varianten des etablierten Gewerbes der Ehevermittler. Nur eines unterscheidet sie von diesen: Während die herkömmlichen Ehevermittler in ihren Zeitungsanzeigen sich als solche ausweisen (müssen), von den Anzeigenredaktionen mancher Tageszeitungen einen eigenen, von den übrigen Partneranzeigen abgesonderten Raum zugewiesen bekommen, tummeln sich die Partnerschafts-Vermittler mitten in den Kleinanzeigen, die auf Geselligkeit abzielen, wo Ehepaare Freunde suchen und so weiter. Sicher wäre es praktisch, auch diesen gewerblichen Inserenten einen eigenen Raum im Anzeigenbereich zuzuweisen, damit der Zeitungsleser im voraus weiß, was er wo liest; ich erwarte ja auch nicht eine Theaterrezension im Sportteil meiner Zeitung.

Die Clubidee für Alleinstehende!

Was macht man dem Discoalter entwachsen, wenn man nette Leute kennenlernen will. Alleinstehend und möglichst gleichaltrig. Was macht man, wenn man nicht immer nur mit Ehepaaren tanzen, feiern, wandern, kegeln oder einfach nur reden will? [redacted] Alternative für Leute, die allein leben, zugereist, frisch geschieden, oder einfach nur Neuorientierer sind. Neugierig auf diesen Club, der bundesweit organisiert ist und unzählige Kennenlernchancen bietet? Lesen Sie doch mal das Info über uns. [redacted]. auch Sa. + So. [redacted]

WER SIND UNSERE MITGLIEDER?

Kontaktarme Leute vielleicht? Menschen, die woanders keinen Anschluß finden?

Alleinstehende, die glauben, als letzte Rettung bei uns einen Partner zu angeln, oder gar Vereinsmeier, die allein keine Ideen haben?

Nichts davon trifft zu. Ganz im Gegenteil. Unsere Clubmitglieder sind besonders kontaktfreudig. Genau deshalb schließen sie sich ja einer Gruppe an, die so aktiv ist und immer neue Anregungen und Unternehmungen bietet. Aber – jeder weiß, daß es für einen Alleinstehenden ungleich schwerer ist als für Paare, auf die die gesamten Bedürfnisse der Gesellschaft nun einmal programmiert sind, einen neuen Anfang, den richtigen Anschluß zu finden. Dabei spielt es gar keine Rolle, ob ein Mensch nun frisch geschieden, neu zugereist, verwitwet oder schon lange alleinstehend ist. Am Arbeitsplatz lassen sich ja heutzutage kaum Kontakte knüpfen.

Und – allein Ausgehen, wenn man aus dem Disco-Alter heraus ist?

Als Alleinstehender in Urlaub fahren und auf lauter Paare zu treffen, wer kennt nicht solche deprimierenden Erlebnisse.

MÖCHTEN SIE ZU UNS GEHÖREN?

Sie wissen nun schon eine ganze Menge über uns. Wir kennen Sie leider noch nicht. Aber das sollte sich ändern lassen.

In den nächsten Tagen wird sich ein Leveler mit Ihnen telefonisch in Verbindung setzen, um einen Kennenlern-Treff zu vereinbaren. Sie können bei dieser Gelegenheit gern alles erfragen, was Sie sonst noch über uns wissen möchten.

DER CLUBBEITRAG

Unsere Clubmitglieder zahlen einen Jahresbeitrag, den jeder Geldbeutel verkraften kann. Schön wäre es, wenn man von Geld gar nicht reden müßte. Aber, Insertion, Organisation, Musik, Räume etc. wollen nunmal finanziert sein.

Dabei haben wir – natürlich in Ihrem Interesse – äußerst knapp kalkuliert. Gern informieren wir Sie darüber ausführlich. Unverbindlich natürlich.

Mitmachen! Nette, unkonventionelle Menschen für Freizeit, Tanz, Kennenlernen gesucht. Initiative [redacted] ☎ 0[redacted] (kein Institut) [redacted]

Hübsche Mädchen in [redacted]f/Umgeb. und einsame Frauen mö. einen Partner, einen Freund. Postkarte genügt an: Verlag [redacted] (Abt. [redacted]): „Bitte kostenlos Fotoliste [redacted]!" Sie bekommen gleich Antwort.

Alleine? Das muß nicht sein. Kommen Sie doch einfach zu unseren **Partner-Partys.** Rufen Sie doch einfach mal an: Tel. [redacted] 9 Mo.–Sa. 11.00–19.00 Uhr, So. 11.00–15.00 Uhr.

Im Club „[redacted] e.V." finden Sie den gewünschten Kontakt. Werden Sie Mitglied. Treffpunkte in Ihrer Nähe. **Anfr.: Postfach** [redacted]1 [redacted]77

BLEIB NICHT DAHEIM . . . unternimm lieber was. Komm zu unseren Partys, Ausflügen, Grillfesten u.v.m. ☎ [redacted]gl., auch Sa. + So. [redacted]0

NETTE-LEUTE-TREFF für Alleinstehende ab 20 Jahre, Clubabende, Kerzenlichtpartys, Sport, Kultur, Diskussionsabende u. a. ☎ [redacted] tägl., auch Sa. + So.

[redacted]**TREFF** im [redacted]-Club. Herzlich willkommen zum Nette-Leute-Kennenlernen. Das Leben ist doch viel zu schade zum Daheimrumsitzen. Lieber Spaß haben in einer großen Clique beim Tanzen, Tischtennis, Schwimmen, Nachtwandern, Reiten, Miteinanderreden u.v.m. Ruf doch mal an. Wir senden gerne Info. ☎ 0[redacted] tägl., auch Sa. + So. [redacted]5

Antwortbrief-Bestellschein

Angaben über mich:
(werden vertraulich behandelt)

Mein Vorname — Familienname

Straße (auch postlagernd) — Haus-Nummer

Postleitzahl — Wohnort

Bitte senden Sie mir die genauen Adressen von

Gewünschtes bitte ankreuzen

☐ 4 Damen in meiner Nähe für DM 60,–. Keine weiteren Kosten.

☐ 9 Damen in meiner Nähe für DM 100,–. Keine weiteren Kosten.

Oder aber für sehr anspruchsvolle Herren:

☐ 4 Damen in meiner Nähe für DM 100,–. Keine weiteren Kosten.
Hier bekomme ich etwa 60 nähere Angaben über jede Dame mitgeteilt. Ich erhalte eine Fotokopie der Originalanmeldekarte, die von jeder Dame selbst ausgefüllt wurde. Von den Damen, die ein Foto zur Verfügung gestellt haben, erhalte ich ebenfalls eine Fotokopie des Fotos (Porträt oder Ganzfoto).

☐ 9 Damen in meiner Nähe für DM 200,–. Keine weiteren Kosten.
Hier bekomme ich etwa 60 nähere Angaben über jede Dame mitgeteilt. Ich erhalte eine Fotokopie der Originalanmeldekarte, die von jeder Dame selbst ausgefüllt wurde. Von den Damen, die ein Foto zur Verfügung gestellt haben, erhalte ich ebenfalls eine Fotokopie des Fotos (Porträt oder Ganzfoto).

☐ 22 Damen in meiner Nähe für DM 400,–. Keine weiteren Kosten.
Hier bekomme ich etwa 60 nähere Angaben über jede Dame mitgeteilt. Ich erhalte eine Fotokopie der Originalanmeldekarte, die von jeder Dame selbst ausgefüllt wurde. Von den Damen, die ein Foto zur Verfügung gestellt haben, erhalte ich ebenfalls eine Fotokopie des Fotos (Porträt oder Ganzfoto).

Ich bezahle so:

☐ hier beiliegend in bar: so geht es am schnellsten

☐ hier beiliegend in Briefmarken (nur kleine Werte)

☐ hier beiliegend im Einschreibebrief

Es entstehen mir keine weiteren Kosten und Verpflichtungen. Niemals!

Tip: Wenn Sie die Anschriften besonders schnell haben wollen, legen Sie ein frankiertes Rückkuvert mit Ihrer Anschrift bei.

Eindeutige Wünsche

Nicht um ihren guten Ruf zu fürchten haben die Journale, die sich ganz speziell dem Geschäft mit Sex-Anzeigen widmen. Vielmehr gründen sie gerade darauf ihren zweifelhaften Ruhm. In Sexshops liegen sie aus, bunte Nacktfotos zieren die Titelblätter, die neueste Nummer ist neben der Kasse gestapelt. Zwischen zehn und fünfzehn Mark kosten sie. Ein horrender Preis für eine Zeitschrift solcher Machart, die sich zudem weitgehend über die vielen hundert Anzeigen finanziert. In einzelnen Nummern finden sich über tausend Partner-Suchanzeigen, wie auf dem Titelblatt verkündet wird. Und werbeträchtig heißt es in derselben Zeitschrift: »Mehr als 150.000 Leser pro Ausgabe.« Da diese Magazine ein ›Exklusivrecht‹ auf Veröffentlichung offener Sexanzeigen und mitgesandter Sexfotos der Anzeigenkunden für sich in Anspruch nehmen dürfen, besteht kein Grund, diese Zahl anzuzweifeln. Ein anderes Sexmagazin behauptet von sich, daß allmonatlich mehr als 40.000 Kontaktbriefe weitergeleitet werden. Wobei das letztgenannte Magazin das kleinere der beiden ist. Das Geschäft mit dem Sex ist also lohnend, wie immer.

Zutritt für Jugendliche zu diesen Sexshops, in denen die einschlägigen Magazine neben einer Fülle anderer nützlicher Ware aus dieser Branche ausliegen, ist natürlich streng verboten; Schilder am Eingang oder im Schaufenster weisen fast demonstrativ darauf hin: ein Werbemittel. Nicht mehr jugendlich, sondern urteilsfähig, für das Leben gewappnet und damit erwachsen ist man hierzulande allerdings schon mit achtzehn, darf also dann bereits diese Journale erwerben und bei Gelegenheit des Besuches in einem solchen Ladengeschäft auch in der Hinterkammer verschwinden, wo gegen Honorar Filmvorführungen stattfinden, manchmal in schäbigen Zimmern, wo die fast ausschließlich männliche Kundschaft auf einfachen Küchenstühlen herumsitzt, manchmal auch, und dies schlägt sich natürlich im Preis nieder, in kinoähnlichen kleinen Vorführräumen auf komfortablen Sesseln. Die Sexfilme vom Videoband sind aber allemal die gleichen. Wer hier drin war und sich anschließend kein Anzeigenmagazin kauft, um bald selbst erleben zu dürfen, was er im Farbfilm an Lust und Ekstase vorgesetzt bekam, ist dann selbst schuld an seiner Einsamkeit.

Der Neuling wird freilich beim Aufblättern der Magazine geschockt: die rüde Sprache verschlägt ihm den Atem. Im Sinne der Sexmagazine noch recht harmlos ist etwa die Ausdrucksweise eines Anzeigentextes, den ein »solides Ehepaar«, beide um die vierzig Jahre alt, hat einrücken lassen. Mit einem Hang zum Exhibitionismus heißt es da: »Wir ficken gern in der freien Natur, weil wir es prickelnd finden, daß wir beobachtet werden könnten.« Gesucht werden weitere Paare, die ähnlich fühlen und sich an dem prickelnden Sexspiel in der freien Natur beteiligen möchten, wahlweise mit oder ohne Partnertausch. Der Leseneuling rätselt vergeblich, was an diesem Ehepaar denn das Solide sein möchte. . .

Es kennzeichnet die Anzeigen in den Sexmagazinen nicht zuletzt, daß in ihnen ganz extreme sexuelle Wünsche geäußert werden. Viele Mitmenschen stellen sich eben unter Liebe und Lust etwas sehr anderes vor als der ›Normalverbraucher‹, wie an ausgesuchten Beispielen zu zeigen ist. Die Grenzen zwischen ›normal‹ und ›pervers‹ sind hierbei fließend, dennoch betrifft ein hoher Anteil aller Suchanzeigen, aller Wünsche nach Schnellkontakten Ausgefallenes.

Wie gibt man solch eine Anzeige auf? Die Redaktionen geben sich auf ganzseitigen Hinweisblättern Mühe, dies dem zukünftigen Anzeigenkunden genau zu erklären. Vor allem, wie preiswert die Sache ist. Aber das Wichtigste: »Wir kennen kein Tabu.« Und weiter heißt es in den ›Anzeigenregeln‹ eines Magazins: »Nutzen Sie noch heute nebenstehenden Bestellschein, um ihre ganz speziellen Wünsche nach einem neuen Sexpartner, nach einem Ehepaar für Gruppensex oder Partnertausch, nach Gleichgesinnten für ausgefallenere Spiele zu formulieren. Schildern Sie möglichst ausführlich Ihre Wünsche und Vorstellungen, und beschreiben Sie auch Ihre eigene Person.« Es fehlt zum Schluß nicht der Hinweis, daß man die ganze Sache auch postlagernd abwickeln darf. Nur zu zahlen ist in jedem Falle.

Folgt man dem Rat, die eigenen Vorstellungen »möglichst ausführlich« darzulegen, zahlt man einen Haufen Geld. Aber an einem einfacheren Beispiel: eine Anzeige mit etwa 50 Wörtern, in Halbfett, damit's wenigstens auf der Seite etwas auffällt, und in einem dünnen Rähmchen, das kostet inklusive Belegexemplar knapp 40 Mark. Kostenlos wird dazu ein eingesandtes Privatfoto veröffentlicht. Das hört sich zunächst nicht so teuer an, ist es aber doch. Denn trotz des großen Leserpublikums, das Sexmagazine haben, kann es glatt geschehen, daß »Ihre Anzeige nicht gleich den erhofften Erfolg hatte«. Vielleicht, weil die Wünsche zu extrem waren oder, genau umgekehrt, zu doof, zu unkompliziert, nicht interessant genug für die Leser. Doch in jedem Falle »sollten Sie nicht sofort entmutigt sein. Vielleicht müssen Sie am Text noch etwas feilen. Oder ein attraktiveres Foto einsenden.« Und ein Patentrezept wird angeboten: »Wir wissen aus Erfahrung, daß spätestens nach fünf oder sechs Annoncen auch die ausgefallensten Sex-Kontakte Wirklichkeit werden. Deshalb unser Sonderangebot: Sex-mal inserieren, nur fünfmal bezahlen.« Das kommt schon einer Erfolgsgarantie nahe. Im Sinne der obigen Rechnung macht das an die 200 Mark. Damit hat man durchaus noch nichts Besonderes. Zahlreiche Anzeigenkunden verschwenden erheblich mehr Geld dafür; man kann es sich anhand der Preislisten ausrechnen.

Etwas Besonderes sind die Bilder. Die Rede ist hier nicht von den bunten großformatigen Fotos, die die Redaktion zum ›Augenschmaus‹ anbietet, sondern von den eingesandten Amateurbildern, die den Anzeigen beigegeben werden dürfen. Die Versicherung, daß man bei Einsendung des Fotos über 18 Jahre alt sei, daß darüber hinaus das Bild die eigene Person darstelle und man mit der Veröffentlichung einverstanden sei, ist dabei zu unterschreiben, und die Unterschrift muß auf der Rückseite des eingesandten Fotos wiederholt werden. Eine Vorsichtsmaßnahme, durch die üble Scherze verhindert werden sollen, wie denn auch ein Magazin ausdrücklich vor Mißbrauch warnt und auf die zivilrechtlichen Folgen aufmerksam macht für den Fall, daß Intimfotos, denn das sind ja alle diese Bilder, von anderen Personen als dem Anzeigenaufgeber der Redaktion zur Verfügung gestellt werden; die Redaktion lehnt jede eigene Verantwortung in Fällen solchen Mißbrauchs ab. Wieweit es allerdings ein Mißbrauch persönlicher Freiheitsrechte und vielleicht auch der Pressefreiheit ist, überhaupt Intimfotos zumeist äußerst geschmackloser Art einer Zeitschrift mit hoher Auflage zur Verfügung zu stellen, ist eine andere Frage. Bei der Betrachtung dieser Bilder schwankt man zwischen Ekel und Verwunderung. Man möchte es nicht glauben, daß Leute von sich oder ihrer eigenen Frau dergleichen Bilder an eine Zeitung, an ein Magazin genauer gesagt, zur Veröffentlichung schicken. Die meisten würden sich genieren, so was überhaupt zu fotografieren. Man muß nicht prüde sein, um den Gedanken daran als entwürdigend zu empfinden, daß Menschen fähig sind, mit der Kamera festzuhalten, wie sie in Augenblicken ganz intimer Zweisamkeit aussehen oder wie dann jene Körperteile beschaffen sind, die dem Menschen Lust verschaffen. Es hat mit kultureller Verklemmtheit sicher nichts zu tun, beim Durchblättern dieser Bildmagazine Ekel zu empfinden. Die meisten Fotos sind außerdem so amateurhaft und trostlos unbeholfen in Aufnahmetechnik und Bildwiedergabe, daß auch die letzte schöne Illusion, der letzte Rest von Erotik, ohne die Sex zur platten Turnübung wird, verlorengeht. Ästhetik ist in solchen Blättern nicht gefragt.

Warum haben so viele Mitmenschen diesen exhibitionistischen Drang zum Vulgär-Vokabular und zur Zurschaustellung des eigenen Körpers? Man machte es sich zu leicht, wenn man von der hohen moralischen Warte aus ein Verdammungsurteil sprechen wollte. Was fehlt diesen Menschen, daß sie auf solche Auswege sinnen, um Befriedigung ihrer Wünsche zu finden? Es ist ganz einfach: sie suchen Partner, Gleichgesinnte, sie suchen Kommunikation. Nebenbei sind solche Anzeigenmagazine die reinste Materialsammlung zu den schon klassisch gewordenen Lehren des großen Seelenarztes Sigmund Freud und zu den anderen einschlägigen Lehrbüchern der Psychologie und Psychiatrie.

Man kann lange darüber diskutieren, was Moral und was ein guter Mensch ist. Das ist hier nicht das Thema. Wir wollen nur ein wenig verstehen, warum Menschen zu diesem ›letzten Mittel‹ greifen, um die Kontakte zu finden, die sie sich wünschen. Haben sie sonst keine Möglichkeiten dazu? Oder sind sie unfähig, sexuelle Kontakte auf ›normalem‹ Weg zu finden? Denn Sex ist ja nichts Kriminelles, nichts Schlimmes, nichts Abartiges, sondern dem Menschen angeboren. Aber auf diesem ›modernen‹ Wege Sexpartner suchen? Sich dabei einer Gossensprache bedienen, wie sie in den Anzeigen der Sexmagazine vorherrscht, die bis in die Bereiche ekelhafter Brutalität hineinreicht? Auch Leute, die sich fraglos besser ausdrücken könnten, die eine Art kultureller Oberschicht in unserem Lande darstellen oder darstellen sollten, nämlich sprachgewandte Akademiker, machen darin keine Ausnahme, im Gegenteil, gerade dort, wo sie sich als angeblich kultivierte Zeitgenossen zu erkennen geben, sind sie die schlimmsten. Die ganze angelernte Kultur geht zum Teufel. Verwunderung ist am Platze. So, wenn ein Unternehmerpaar, sie dreißig, er vierzig, nach eigener Aussage »mit Niveau, Chic, Charme«, ins exklusive Jagdhaus einlädt zum »Rudelbumsen«. Brutal gehts auch her, muß man nach dem Vokabular des Anzeigentextes vermuten, bei jenem geilen jungen Mann, der vernachlässigte Ehefrauen betreuen möchte. Er »erfüllt Ihre geheimsten und geilsten Wünsche (Fotzenlecken, Arschficken, Schauwichsen)« und kommt auch tagsüber. Er animiert mit dem Schlußsatz: »Wenn Euch jetzt die Fotze juckt, so schreibt mir.«

Ehepaar sucht ›gleiches‹

Lust am ›Erfahrungsaustausch‹, Neugierde oder einfach der Wunsch, einmal sämtliche Hemmungen fallenzulassen, nach dem Frust in der eigenen Partnerschaft, mag Paare dazu treiben, sich mit anderen Gleichgesinnten gemeinsam zu amüsieren. Das stachelt an, das ›geilt auf‹. Wieviel Unfähigkeit sich dahinter verbirgt, ist eine andere Frage.

Denn kein Mensch, der volle Befriedigung seiner Sehnsüchte und Wünsche findet, sucht diese woanders. So gesehen bewegen sich Leute, die in den einschlägigen Magazinen annoncieren, mehr oder weniger im Kreis: sie stoßen immer wieder auf Gleichgesinnte, denen es ähnlich geht wie ihnen selbst, sie finden und finden keine letzte Befriedigung. Sie halten sich für toll, weil sie so freizügig sind, in Wahrheit jedoch sind sie einfach nur unfähig zur Liebe. — Zuviel Philosophie für ein solches Thema? Wohl kaum, denn Anzeigen von Ehepaaren zum Beispiel, die ›es‹ mit anderen Paaren gemeinsam machen möchten, drücken nur die Wünsche auf die direkteste Weise aus, die Lebensenttäuschung und das Unvermögen zur wirklichen ›Kunst des Liebens‹ verbergen sie. Frust, nicht befreiende Lust führt den Verfassern der Anzeigentexte die Feder.

So, wenn ein »wirklich superscharfes Paar« für Partnerspiele gesucht wird von einem »immer fickgeilen Ehepaar«, für gemeinsame heiße Wochenendpartys und auch für einen »geilen Fickurlaub im Ferienhaus in Südfrankreich«. Die Anhäufung der einschlägigen Vokabeln gehört auch hier zur ›Werbesprache der Branche‹, würde man im Geschäftsleben sagen.

Und »aufreizend« muß die Sache natürlich sein. Beim ersten Treffen wird aufreizende Kleidung von den beteiligten Damen erwartet. Dann gibt es in der Regel auch »keine Anlaufzeit«. Und geht man gemeinsam aus, so die Damen ohne Höschen und mit durchsichtiger Bluse. Das ›geilt auf‹. Hauptsächlich diejenigen, die so herumlaufen. Der Sinn der Übung. Erst recht hat man solche Praktiken nötig, wenn man — obgleich ›geil‹, auf dieses Reizwort verzichtet kaum eine Anzeige — noch »schüchtern, ohne Erfahrung« ist und sich überdies als auf der Suche nach einem »Erstkontakt« bezeichnet. Zwei Kleinkinder und ein Wochenendgrundstück am See vorhanden. Kein finanzielles Interesse, aber Diskretion. Auch Paar mit Kindern angenehm. Die können dann alle miteinander spielen. Die Kinder. Die Eltern beschäftigen sich unterdessen zu viert mit »zärtlich-geilem Sex«. 27 Jahre jung ist die einladende Ehefrau, 35 der einladende Gatte. So junge Leute und so wenig Phantasie, das eigene häusliche Sexualleben selbst interessant genug zu gestalten, daß fremde Hilfe nicht erforderlich wäre? Jede ehrliche Bildzuschrift wird beantwortet . . .

Was ein »Spitzenpaar« ist, darf man nur vermuten. Alle frommen oder, das ist wohl richtiger, unfrommen Wünsche von Sexanzeigen-Lesern müssen sich da personifiziert haben. Und gleich zwei Spitzenpaare laden gemeinsam ein zum FKK-Urlaub in Jugoslawien, mit Angabe der Kalenderdaten. Auf Punta Skala muß allerhand los sein, wenn etliche weitere Paare die Einladung annehmen, denn »dort können wir hemmungslos ficken und lecken«. Fortsetzung der Kontakte im heimischen Deutschland wird als Dreingabe geboten. »Schreibt uns bitte schnell!«

Separate Spalten hat ein Anzeigenmagazin für den Reisesex eingerichtet. Auf mehreren Seiten bieten sich hauptsächlich Paare an, aber auch Einzelgänger fahnden nach interessanter Urlaubsbegleitung. Jugoslawien dominiert bei den Ortsangaben, wo Urlaub und Sex-Ausgelassenheit mit ›Freunden‹ geteilt werden sollen. Im Urlaub, fern jeder möglichen Aufsicht (als da sind Schwiegereltern, mit denen man vielleicht im selben Haus wohnt, Nachbarn, Kinder) tobt man sich gründlich aus — und kehrt hoffentlich nicht total erschöpft nach Hause zurück. Mindestens die ›Spitzenpaare‹ dürften solche Probleme gegen Ende des Urlaubs nicht kennen. Sie fühlen sich alle Tage fit, brauchen keine Anlaufzeiten und freuen sich stets auf (Porno-)Bildzuschriften mit neuen Angeboten spielwilliger Partnerpaare. Was ihnen aber eigentlich fehlt, wissen sie selbst nicht, oder nur andeutungsweise, an jenen Tagen, in jenen Nächten, da sie auf sich selbst angewiesen sind und dann automatisch eine tödliche Langeweile sie umschleicht; sind sie doch nur darauf programmiert, ständig bei anderen das zu suchen, was sie allein nicht schaffen: lange aufregende Nächte, interessante Tage.

Den Wunsch nach der möglichst perfekten Illusion drückt sehr schön eine Anzeige aus, die aus Akademiker- oder Künstlerkreisen stammt. Bildung jedoch schützt vor krasser Torheit nicht; man jagt der Illusion nach, das Leben sei schon problemlos, wenn man sich mit fremden Menschen, die man bei dieser Gelegenheit zum ersten Male sieht, »zärtlicher Erotik« hingibt und mit ihnen »hemmungslos-geile, jedoch anspruchsvolle Stunden zu viert« erlebt. Wobei man bei den Partnern, die man einladen möchte, unter den im Anzeigentext postulierten »Gemeinsamkeiten« neben Niveau, Intellekt und Schlankheit auch die »Problemfreiheit« voraussetzt, die man selbst zu besitzen vorgibt.

Daß die Wunschpartner »gutaussehend« zu sein haben, versteht sich von selbst in diesem Anzeigentext, der im übrigen nur als Versuch eines Selbstportraits interessant ist. Wie mögen solche Leute in Wirklichkeit sein? Was verstehen sie unter Begriffen wie »kultiviert« und »Niveau«, mit denen sie ihre Anzeige garnieren? Nur eines ist absolut sicher, sie suchen Partner »für stimulierende, hemmungslos-geile Stunden«.

Das Eigenschaftswort »anspruchsvoll«, auch in diesem Zusammenhang gebraucht, ist dagegen schon vieldeutig. Mit Kultur hat das nicht unbedingt etwas zu tun. Obwohl Erotik und Kultur keine Gegensätze sind. Aber hier offenbar doch, wenn man hinter die Fassade der glatten Worte schaut.

Abkürzungen

Ein eigener Fachjargon hat sich in den Sexmagazinen herausgebildet. Der Neuling stolpert darüber. Was ist mit diesen geheimnisvollen Abkürzungen gemeint? Was wünschen die Leute, oder was lehnen sie ausdrücklich ab? Ein Sexmagazin erklärt das kurz und bündig so:

NS = Natursekt, GS = Gruppensex, PT = Partnertausch,
TV = Transvestit, MS = Masochismus/Sadismus, Bi = bisexuell

Die Sache mit dem sogenannten ›Natursekt‹ (NS) findet in den Lehrbüchern der Psychiatrie ihre Erklärung unter dem Stichwort der ›Renifleurs‹. Dies bedeutet nicht mehr und nicht weniger, als daß Menschen Befriedigung beim Einatmen von Uringeruch empfinden. Diese Abart sexueller Wünsche findet sich in Sexmagazinen öfter (siehe unten). Wo sonst als hier könnte man auch Partner dafür finden?

Gruppensex (GS) muß man nicht näher erklären. Männlein und Weiblein durcheinander, heißt hier die Parole. So durcheinander wie möglich. Rudelbumsen, wie es so plastisch in einer Anzeige hieß. Partnertausch (PT) dagegen ist meist ein Spiel zu viert. In den Anzeigen wird unterschieden, ob Paare (die nicht unbedingt Ehepaare sind) den Partnertausch vollziehen möchten in getrennten Räumen oder gemeinsam, um sich alle miteinander entsprechend ›aufzugeilen‹, wie der Fachjargon sagt, das heißt um die Befriedigung zu finden, die man gemeinhin vom Geschlechtsakt erwartet. Allein schafft man es wohl nicht. Der Wunsch nach räumlicher Trennung (oder eben gerade nicht) drückt nur aus, ob man es bereits geschafft hat, absolut hemmungslos zu sein, oder ob man bei einem der Mitwirkenden (meist wohl einer Frau) noch Hemmungen voraussetzt, die die ›letzte Kommunikation‹ ausschließen.

Transvestiten (TV) sind Menschen, die, wie die wörtliche Übersetzung des lateinischen Fachwortes schon sagt, die Kleidung des anderen Geschlechtes lieben. Meist sind es Männer, die zu ihrer eigenen Befriedigung Kleidungsstücke des weiblichen Geschlechts anlegen, nicht zuletzt die Unterkleidung, Strapse und Büstenhalter und Strümpfe. Beim Sex spielen sie gern eine passive Rolle, obgleich ihr wichtigstes Sexualorgan sie eher zur Aktivität animieren sollte. Häufig, aber nicht notwendigerweise sind Transvestiten homosexuell. Oft bieten sie sich Ehepaaren als dritter Partner an, dem Mann zur Belustigung, der Ehefrau zu zusätzlicher Lust, wenn diese ›leicht bi‹ ist, wie in den Anzeigen öfter zu lesen steht. Die Vermischung des Männlichen und des Weiblichen, die bei den Transvestiten stattfindet, macht ihren besonderen Reiz aus. ›Sachkundige‹ Sexfans schätzen ihre Mitwirkung.

Masochismus und Sadismus (MS) sind nicht unbedingt Gegensätze. Im Wortsinn bedeutet Masochismus zunächst nur die Lust am Erleiden, und Sadismus ist die Lust am Leidzufügen, Schmerzzufügen. Schon im normalen sexuellen Erleben spielen beide Komponenten eine Rolle, wie überhaupt Abartigkeiten nur extreme Versionen an sich normaler Verhaltensweisen darstellen. Der Geschlechtsakt ist von Seiten des Mannes etwas Aktives, in gewisser Hinsicht (und oft tatsächlich) fügt er der Frau einen Schmerz zu, während die Frau dies erleidet (gerne, im normalen Falle). Betonen Partner diese Nebenwirkungen des Geschlechtsaktes in extremer Weise, dann legen sie auch Wert auf zusätzliche Handlungen, die im obengenannten Sinne sadistisch oder masochistisch sind, oder sie finden sogar ausschließlich bei solchen Handlungen sexuelle Befriedigung. Immer aber beginnt die Abartigkeit erst bei der Fixierung auf solche Nebeneffekte, die im ›Normalfall‹ keine wesentliche Rolle spielen. Wie Menschen zum Sado-Masochismus kommen, ist schwer zu ergründen. Freud spricht davon, daß hierbei mehrere seelische Aktivitäten sich zu einem Effekt vereinigen, und ferner, daß die aktive und die passive Form dieser Perversion sich in aller Regel in einer Person finden lassen. Ein Sadist ist immer auch zugleich ein Masochist, wobei der Masochismus als eine Fortsetzung des Sadismus erklärt wird, der sich gegen die eigene Person richtet; tief verwurzeltes Schuldbewußtsein verursache diese Haltung, sagt Freud. Bei extrem auf diese Abartigkeit fixierten Menschen ist also immer eine tragische Psycho-Biografie zu vermuten. In den Sexanzeigen suchen sie ihre ganz speziellen Partner, die sie im Normalleben nicht so ohne weiteres finden würden.

Bisexuell (Bi) ist jemand, der nicht nur im anderen Geschlecht den Partner für sexuelle Handlungen sucht, sondern auch zugleich eine homosexuelle (oder lesbische) Komponente in seinen Partnerwünschen und in seinem tatsächlichen Verhalten zum Ausdruck bringt, entweder mit Einzelpartnern (mal sucht man den Sex bei einer Person des anderen Geschlechts, am anderen Tag schon wieder beim eigenen Geschlecht, wie es sich gerade ergibt) oder im Spiel zu dritt.

Spiele zu dritt

Erotische und sexuelle Spiele zu dritt haben ihre eigenen — und übrigens sehr unterschiedlichen — Regeln. Die Dramaturgie des Sexus entwickelt sich aus den Begierden und aus den persönlichen Veranlagungen. Homosexualität und lesbische Liebe drücken sich in den Inseraten der Sexmagazine selbstverständlich offen aus. Aber ohne Zweifel liegt der Reiz für viele oft in dem, was nur mittelbar ausgesprochen wird.

Bei diesen Spielen treiben es entweder zwei Männer mit einer Frau oder zwei Frauen mit einem Mann, wobei man gegenüber dem eigenen Geschlecht kein anderes Interesse als das des Zuschauens zeigt, was sich wiederum ohne besondere Begeisterung abspielen kann (weil man hauptsächlich selbst ›drankommen‹ will) oder als bewußte und beliebte Zutat zum eigenen Sexspiel genossen wird, ja sogar zur Abartigkeit des Voyeurismus entgleisen kann (eigene Befriedigung findet man erst nach solchem Zuschauen). Anders ist es, wenn zwei der drei Teilnehmer, und zwar die beiden gleichgeschlechtlichen, ›bi‹ sind. Dann wird es für viele überhaupt erst interessant, denn die letzten Hemmungen fallen.

In der Regel sucht ein Paar den Dritten (oder die Dritte) im Bunde. Meist annoncieren Ehepaare in diesem Sinne, weniger andere Paare (die noch genug mit sich selbst beschäftigt sind?). Und aus den Anzeigen ist oft klar zu erkennen, wer bei dieser Suche die treibende Kraft war, der Mann oder die Frau. War es die Ehefrau, liegt meist eine stark ausgeprägte Neigung zur lesbischen Liebe vor, wobei dem Ehemann dann sozusagen zum Ausgleich für die Duldung dieser Abartigkeit eine weitere weibliche Gespielin ins Bett gebracht wird. Geht die Initiative zu einer

Suchanzeige dieser Art auf den Ehemann zurück (auch wenn die Frau scheinbar den Anzeigentext verfaßt hat), wird man den Eindruck nicht los, daß manche Männer ihre eigenen Frauen nur deshalb zur Bisexualität animieren, um eine möglichst attraktive Frau einladen zu können, die den langweilig gewordenen oder aus anderen Gründen verpfuschten häuslichen Erotik-Laden wieder in Schwung bringen soll. Statt Fremdgehen Liebe zu dritt, heißt hier die Losung, die Bisexualität der eigenen Frau wird dabei als ›leicht‹ beschrieben, oder man will das angeblich zum ersten Mal ausprobieren. Auch andere Ausreden läßt man sich einfallen.

In den Anzeigentexten lassen sich alle Varianten des Spiels zu dritt jedenfalls recht gut unterscheiden. So, wenn es im Jargon heißt: »Welcher Bi-Mann möchte, wenn er meine Freundin fickt, von mir gefickt werden? Habe einen großen Schwanz.« Zwei Männer und eine Frau, heißt hier die Parole. Die homosexuelle Komponente steht hier im Vordergrund. Der Weg zur reinen Homosexualität scheint für den 34jährigen Inserenten nicht mehr weit zu sein. Oder ein anderes Verhaltensmuster: »Ehefrau sucht für sich allein oder mit Ehemann aktive Bi-Freundin.« Hier ist es umgekehrt, die Ehefrau akzeptiert noch gerade im Spiel zu dritt den Ehemann, ist aber schon mehr zum Lesbischen hin orientiert. Die meistgebrauchte Variante ist die, bei der ein Ehepaar eine Bi-Freundin sucht: »Hübsches Ehepaar, 26/29, 1 Kind, sucht nette, schlanke Bi-Freundin (auch mit Kind) für Dauerfreundschaft und zärtliche Spiele zu dritt.« In diesem Falle sucht man sogar mehrfache Freude, indem man zusätzlich angibt, ein weiteres Ehepaar, das bereits mit Bi-Freundin ausgestattet sei, möge sich ebenfalls melden. Einzelne Männer hingegen bieten sich auf der Suche nach Sex — weil sie sonst nicht so schnell an ander Leute Ehefrauen herankommen? — ganz ungeniert Ehepaaren als der Dritte im Bunde an: »Er, Anfang 40, besucht Sie/Paar diskret tags/nachts. Gern ein Bi-Paar für Triospiele.« Ein sogenanntes geiles Foto steht neben dem Anzeigentext. Die ganze aufgeregte Männlichkeit ist darauf zu bewundern. Am leichtesten haben es jedenfalls Mädchen oder junge, schlanke Frauen, sie werden noch und noch gesucht als Ergänzung ehelicher Freuden; sie brauchen nur flüchtig im Sexmagazin zu blättern, um alles oder »alles« zu finden. Vielleicht werden sie gerade deswegen in den Sexanzeigen so verzweifelt gesucht, weil die jungen Frauen der interessantesten Jahrgänge zu oft schon das Besetztzeichen in irgendeiner Form mit sich herumtragen, und wenn es nur ein glückliches Lächeln ist, für das man auf Anhieb keine Ursache findet.

Wenn Männer Sexanzeigen aufgeben

Es mutet noch am verständlichsten an, möchte man sagen, wenn ein einzelner Mann sich der Sexmagazine bedient, um eine lustvolle Partnerin zu finden. Das entspricht, sagen wir, dem Besuch des einzelnen Mannes im Bordell. Trotzdem geschieht hier noch etwas anderes. Bordellbesuche bleiben im Verborgenen, in den Sexmagazinen aber wird in aller Öffentlichkeit die Frau mit dem schmutzigen Vokabular dieser Anzeigen bedacht, wird die Frau auf unglaubliche Weise erniedrigt und das Menschlichste, die Beziehung eines Mannes zu einer Frau, auch im veröffentlichten Sprachgebrauch so umfunktioniert, daß auf den letzten Rest dessen verzichtet wird, was man ›menschlich‹ oder lateinisch ›human‹ nennt. So, wenn ein Vierzigjähriger darauf spekuliert, noch gänzlich unerfahrene Frauen oder Mädchen (»nur echte Jungfern, Alter egal«) würden auch einmal zum Sexmagazin greifen, sich nicht abgestoßen fühlen, sondern gerade ihn, den Spezialisten, zu Rate ziehen. Also fragt er ganz schlicht: »Welches Loch ist noch nie mit einem steifen Schwanz in Berührung gekommen? — Welche geile Sie meldet sich?« Und er verspricht: »Ich entjungfere diese Fotze diskret in meiner Wohnung.« Ein anderer Typ, der, wie häufig in den Sexanzeigen, die genauen Maße seines Gliedes angibt, lockt mit folgendem Spruch: »Schwanz (18 x 4,5) sucht Speckfotze mit breiten Hüften. Unauffällige Fickbude vorhanden.« Und ein dritter Einzelgänger fragt ebenso ungeniert: »Juckt dir das Fötzchen? Dann laß dich von einem erfahrenen Ficker, 43/1,77 m, genüßlich fertigmachen.«

Ein anderer Herr verwickelt sich in Widersprüche, die Sexfans wohl gelassen zur Kenntnis nehmen oder gar nicht als Widersprüche empfinden. Er bezeichnet sich als »sehr attraktiv, gepflegt, phantasievoll«, Alter 35, Größe 1,78. Zugleich ist dieser Mensch aber »eine richtige geile Sau« und ein »großschwänziger geiler Kater« — seine eigenen Worte. Und er sucht, nach gelungener Scheidung, »nur wirklich triebhafte Kätzchen, die sich schamlos bis ordinär ficken lassen«. Was ist er denn nun, ordinär oder gepflegt? Natürlich, ›gepflegt‹ heißt hier wohl nur soviel wie gut angezogen oder sauber gewaschen, hygienisch einwandfrei, auf die Manieren bezieht es sich nicht.

Feministinnen könnten solche Anzeigen, in denen die Frau kraß als Objekt angesprochen wird, als Beweis für die Richtigkeit ihrer Abkehr vom männlichen Prinzip vorzeigen. Daß es allerdings auch Frauen gibt, die auf diese Anzeigen Antwortbriefe schreiben, ist die Kehrseite der Medaille. Ganz erfolglos können die Anzeigen alleingehender Männer nicht sein, sonst würden sie bald die Lust daran verlieren, immer wieder Geld für Annoncen auszugeben; ein Bordellbesuch käme dann billiger.

Wenn Frauen Sexanzeigen aufgeben

Anzeigen von einzelnen Frauen, die auf Männersuche sind und was fürs Bett haben möchten, gibt es bei weitem nicht in solcher Anzahl wie Sexanzeigen einzelner Männer. Die Frauen-Anzeigen bilden sogar in den einschlägigen Magazinen die mit Abstand kleinste Anzeigengruppe. Man muß sie fast mit der Lupe suchen.

Das heißt nicht, Frauen seien auf dem Sexmarkt, der sich in den farbenprächtigen Magazinen auftut, in der Minderheit. Vielmehr werden die meisten Frauen, die sich hier anbieten, erst gemeinsam mit einem Partner aktiv: der Ehemann oder Freund ist dabei (als Beschützer?) und macht beim Spiel zu dritt oder zu viert oder beim ›Rudelbumsen‹ mit. Um so ›emanzipierter‹ sind jene weiblichen Wesen, die sich vom Ehemann vernachlässigt fühlen und den Ausgleich für fehlende häusliche Wonnen auf diesem nicht mehr ungewöhnlichen Wege der Sexanzeige suchen. Ob der Ehemann das jeweils weiß, ist eine interessante Frage, die nur gelegentlich von den Sexanzeigen schlüssig beantwortet wird. Der Verdacht liegt nahe, daß viele Ehefrauen dies heimlich tun, nämlich dann, wenn sie nicht ausdrücklich erwähnen, daß der Ehemann einverstanden sei; solche wertvolle Zusatzinformation in Sexanzeigen anzubringen ist ja üblich.

Was aber veranlaßt einzelne Frauen, über die Befriedigung eines normalen Geschlechtslebens hinaus — gleichgültig, ob sie dies zu Hause oder anderswo erreichen — scheinbar unersättlich nach Sex zu suchen, sich hierzu in Anzeigen anzupreisen? Von professionellen Dirnen ist hier nicht die Rede, sondern von der braven Nachbarin von nebenan, der vorbildlichen Hausfrau, der guten Mutter, der vielleicht ganz passablen Ehefrau. Nur bei Bettgeschichten ist sie nie zufrieden. Das ist krankhaft. Schon in Meyers Enzyklopädischem Lexikon wird die Nymphomanie, wie der Fachausdruck dafür heißt, auf schwere psychische Störungen zurückgeführt; also das genaue Gegenteil von besonders viel gesunder Lust, von Lebenslust. Und in Pschyrembels Klinischem Wörterbuch, der Kleinbibel jedes Medizinstudenten, wird der Nymphomanin nüchtern bescheinigt, daß sich ihr exzessiver Sexualtrieb meist bei bewußtseinseingeengtem Verhalten abspiele. Also auch das Gegenteil von einem Kompliment. Die Männer mögen ihren Spaß an solchen Frauen haben, vom eigenen Ehemann, soweit vorhanden, abgesehen, denn die Frau wird ständig fremdgehen. Aber keine Rede davon, daß diese Frauen glücklich sind, jemals tiefe Befriedigung empfinden bei ihrem Tun oder überhaupt mit einigem Bewußtsein bei der Sache wären. Vielmehr drehen sie durch, sobald sie eines Mannes ansichtig werden. Sie wissen nicht, was sie tun.

Typisch hierfür ist eine Anzeige, in der es heißt: »Mein Mann schafft mich nicht mehr, aber ich brauche es fast täglich.« Im Einverständnis mit dem Ehemann wird eine »Aushilfe« gesucht.

Sauber und verschwiegen muß der Nothelfer sein, aber vor allem »ausdauernd, leistungsfähig«. Das ist nahezu schon ein Nebenberuf, hier als Aushilfskraft tätig zu sein. Ein kräftezehrender Job. Am besten wäre es für alle Beteiligten, wenn die mannssüchtige Dame gleich mehrere Bewerber einstellte. Im voraus auf diese Idee verfallen ist eine andere Frau, die der Einfachheit halber gleich einen »kleinen Männerkreis mit 2—5 großen und ausdauernden Schwänzen« sucht. Aber auch einzelne potente Herren dürfen sich melden. Mehr nach vernachlässigter Ehefrau, die keine Nymphomanin ist, sieht eine Anzeige aus, in der eine 27jährige Dame »für diskrete gelegentliche Treffs am Nachmittag« Sexpartner sucht, und sie bietet die eigene eheliche Wohnung für dieses Treiben an. »Mache alles mit, was Spaß macht«, vergißt sie nicht hinzuzufügen. Zu vermuten ist, daß sie jede Menge Zuschriften erhalten hat. Der Ehemann scheint hier im übrigen nichts zu wissen . . .

Sadismus und Masochismus

Die nahe Verwandschaft und die häufigen Wechselbeziehungen dieser beiden Perversionen sind einleuchtend. Ein und dieselbe Person ist — entweder gleichzeitig oder in wechselnden Phasen — masochistisch und sadistisch zugleich, sagen die Psychologen, wenn auch im vorliegenden Anzeigenmaterial der Sexmagazine die Masochisten scheinbar überwiegen. Sie müssen aber immer erst einen Partner beziehungsweise eine Partnerin finden, und wer nicht zu Berufsdirnen geht, um seiner Abartigkeit zur Befriedigung zu verhelfen, wird sein (aktives oder passives) Gegenüber auf dem Wege der Sexanzeige finden. Wie überhaupt die mit Perversionen Belasteten einen hohen Prozentsatz aller Sexanzeigen verfassen. Was natürlich nicht heißt, ein entsprechend hoher Prozentsatz aller Erwachsenen sei pervers. Die Abartigen haben es nur wesentlich schwerer als die ›Normalen‹, Partner zu finden, annoncieren deshalb häufiger, sind nicht sicher, rasch einen Gleichgesinnten zu finden. Wer läßt sich schon gerne »einprägsame, nachhaltige Lektionen mit dem Rohrstock auf den blanken Hintern« geben, und das zum Spaß, nur aus sexueller Lust? Zur Verfügung steht hierfür ein »Erzieher« Mitte vierzig, der sich als fesselnde, dominante Persönlichkeit deklariert. Er sucht »echt passiv veranlagte Frauen, Männer, Paare«, nicht ahnend, daß seine Passiv-Partner nach empfangener Lektion vielleicht auch Lust hätten, ihn zu verprügeln. Oder hat er schon solche Erfahrungen gesammelt, verlangt deswegen »echt« passive Sexhungrige? Aber nicht nur mit dem Rohrstock wird geprügelt, sondern mit allem, was sich dazu eignet. Sexshops verkaufen solches Zubehör, lange Peitschen scheinen ›in‹ zu sein. Und es gibt Ketten, mit denen man sich und die Sexpartner fesseln kann. Es gibt vor allem Lederbekleidung, sexy, versteht sich, ist dies Leder: ganze Anzüge, die hauteng getragen werden, ohne BHs und Höschen. Dann macht Prügeln noch mehr Spaß. Aber die sexuelle Leidenschaft für Lederkleidungsstücke ist nicht auf Sadisten und Masochisten begrenzt, das mögen auch ›Normale‹ mit einem leichten Hang zum Fetischismus oder echte Fetischisten.

Sadismus äußert sich nicht nur in körperlichen Aktionen. Auch die Sprache spielt eine Rolle, nicht zuletzt. Der dominante Typ liebt es, den anderen auch mit Worten ›zu prügeln‹, ihn mit den schmutzigsten Ausdrücken zu belegen, ihn verbal zu erniedrigen. Und im gesamten Umgang miteinander ist der eine Herr, der andere Sklave. Dies äußert sich in zum Teil unsinnigen Handlungen wie äußerster Servilität beim Bekleiden, Entkleiden des Partners, beim Bedienen bei Tisch und so weiter. Frauen bieten sich hier als ›Domina‹, Herrin, an. Oder Männer, die man mit dem Begriff ›KZ-Wächter-Typ‹ beschreiben könnte, suchen Frauen, mit denen sie buchstäblich machen können, was sie wollen, bis zur letzten Erniedrigung, wie jener »dominante, attraktive Typ«, der eine »hübsche, versaute Dienerin« sucht, »die als Nutte letzter Klasse verfügbar zu sein hat. Sie soll ausgiebig begutachtet, pervers behandelt und mit entsprechenden Ausdrücken belegt werden.«

Die umgekehrte Verhaltensweise zeigt ein junger Mann, der sich als unerfahrenen, gehorsamen Studenten ausgibt. Er wünscht sich »aggressive, saugeile Frauen«, die mit ihm machen dürfen, was sie wollen, er will ihr »williger Diener« sein und ist zu haben für »Arbeiten und säuische Gelüste«, tagsüber oder abends. Und ein weiterer junger Mann, 34, fragt an: »Wer erzieht männliche Sklavensau?« Erziehung mit der Peitsche ist ihm angenehm. »Bitte erhören Sie das Flehen eines willigen, perversen Sklaven«, heißt es am Schluß seiner Anzeige. Und: »Wohnung vorhanden.«

Einen alten Opa verprügeln, auspeitschen, ist aber nahezu ein krimineller Akt, auch wenn jener das ausdrücklich wünscht. Darum bittet ein »einsamer, gesunder, leidlich aussehender, vertrauenswürdiger Siebzigjähriger«. Wenn das gründliche Auspeitschen des Partners den Neigungen und Leidenschaften entspricht, darf sich wer darauf melden, denn »dann könnte er der richtige Freund werden«, dem »echte und beständige Kameradschaft« angeboten wird. Welcher »deftige, zuverlässige, ebenfalls schon gereifte Mann« meldet sich? Einsamkeit überwinden mit der Peitsche?

Man kann es sich normalerweise kaum vorstellen, daß Menschen sich in der beschriebenen Weise behandeln lassen, bloß um sexuelle Befriedigung zu finden. Nur schwere seelische Störungen kann man zur Begründung heranziehen. Statt höhnischer Verachtung angesichts derartig unglaublicher Verhaltensweisen ist also eher Mitleid am Platze mit jenen, deren Seelenhaushalt so radikal durcheinandergeraten ist und die so große Probleme haben, überhaupt Partner zu finden für die ›natürlichste Sache der Welt‹, ja die selbst im Vollzug ihrer Sexualität noch unglücklich sein müssen, da sich ihre Problematik dabei höchstens multipliziert und sie kaum eine Chance haben, davon loszukommen. Nur eine intensive Betreuung durch einen Psychiater könnte helfen, aber wer unterzieht sich dem schon freiwillig, wer gesteht solchen Seelendefekt ein? Und schon gar gegenüber der Krankenkasse?

Es macht jedem Menschen Freude, von einer geliebten Person etwas ganz Persönliches geschenkt zu bekommen. Zumal Fotos stehen in der Beliebtheitsskala solcher Geschenke ganz obenan. Vor der Erfindung der Fotografie war die Haarlocke von der Geliebten oder von Ihm das am liebsten gesehene Geschenk. Und wer bewahrt nicht irgendeinen Gegenstand auf, der ihn an eine geliebte Person erinnert? Dies ist das Menschlichste von der Welt, es ist sogar ein Stück Kultur. Nicht zu leugnen, daß gerade im erotischen Bereich diese Kultur manchmal Blüten treibt, die absonderlich sind, aber immer noch verständlich und für die Betroffenen nicht mehr und nicht weniger als Erinnerung an schöne Stunden, schöne Tage. Die aufgehobene Rechnung eines Restaurants, in dem man ›sie‹ zum ersten Mal bei sich hatte, oder auch intimere Gegenstände gehören hier zum Repertoire des Fetischismus, wie die Psychiater die Entartung normaler menschlicher Verhaltensweisen nennen. Wer sexuelle Befriedigung nur findet, wenn bestimmte Gegenstände anwesend sind, wenn er bestimmte Kleidung trägt oder überhaupt auf Dinge angewiesen ist statt auf einen (nackten) Menschen allein, ist ein Fetischist. Diese Perversionen gibt es in leichterer Form und in extremen Ausprägungen. Zu den ganz extremen Fetischisten gehören wohl jene, die in Anzeigenmagazinen angebotene gebrauchte Unterwäsche von Damen benötigen. »Garantiert getragen«. Das Höschen oder der BH. Aber auch die erwähnten Lederfans gehören zur Gruppe der Fetischisten. Und die Leute, die ganz bestimmte Intimwäsche beim Partner verlangen, wie es in vielen Sexanzeigen vorkommt. Insgesamt aber gehört der Fetischismus, da er sich überwiegend in harmlosen Dingen erschöpft, zu den Perversionen, die man eher belächelt als bemitleidet.

Ebenso harmlos sind die Voyeure, die Zuschauer. »Wo kann junger Mann zuschauen?« ist eine Standardfrage in Sexanzeigen. Voyeure benötigen die Stimulierung des Zuschauendürfens, um selbst sexuelle (Selbst-)Befriedigung zu finden. Die auch ›Spanner‹ genannten Voyeure fallen im Alltagsleben oft unangenehm auf, wenn sie spätabends hinterm Gebüsch im Park dem Liebespaar zuschauen, und werden sie entdeckt, ruft man schnell die Polizei, man vermutet Schlimmes. Dabei sind gerade die reinen Voyeure zu den ungefährlichsten Mitmenschen zu rechnen. Es ist sicher gut, daß sie in Sexmagazinen Leute finden, denen es wiederum Spaß macht, wenn ihnen jemand zuschaut. ›Das geilt auf.‹ Und mancher ungefährliche Voyeur ist so vor der Polizei geschützt. Selten geraten Voyeure ins Kriminelle, und dann wohl nie, weil sie unter dieser Abartigkeit leiden, sondern aus anderen Gründen.

Exhibitionisten sind Leute, die sich gern ausziehen. Ähnlich den Voyeuren verstecken sie sich, wörtlich, gern im Gebüsch, aber im Gegensatz zu dem Voyeur, der unerkannt bleiben will, tritt der Exhibitionist dann in Erscheinung, wenn auch nicht in Aktion. Er schockt Frauen, Mädchen und Jungen, indem er sich mit erigiertem Glied zeigt — meist um wieder zu verschwinden. Die Lust des Menschen, sich nackt zu zeigen, ist hier ins Extrem verkehrt. Im Bereich der Sexanzeigen spielt der Exhibitionismus eine große Rolle. Vor allem Paare, die Paare suchen, betonen immer wieder, wie sehr sie sich ›aufgegeilt‹ fühlen, wenn sie mit geringer Bekleidung spazieren gehen, im Freien, wo man sie beobachten kann, Geschlechtsverkehr ausüben oder erwarten, daß die Partner ohne BH und Höschen zu Besuch kommen, oder sie versprechen, dies selbst zu tun. Der Exhibitionismus zählt nur in den ganz unangenehmen Ausprägungen, wenn etwa solche Leute sich ›in schamverletzender Weise‹, wie es dann im Polizeibericht heißt, vor Kindern oder Frauen draußen in der Öffentlichkeit zeigen, zu den krankhaften Perversionen. In den meisten anderen Fällen bedeutet er nicht viel mehr als eine geringfügige Überschreitung der Grenze des Normalen, was ohnehin ein recht schwierig zu definierender Begriff ist.

Die ganz häßlichen Sachen

Zu den häßlichsten Perversionen gehört es, sich buchstäblich bis in den Schmutz abgleiten zu lassen. Den eigenen Schmutz oder den des Partners, der Partnerin. Die Rede ist von denen, die schwer entwicklungsgestört sind und nie jene Phase des Kleinkindalters seelisch und verhaltensmäßig überwunden haben, in der es Kinder noch mögen, mit dem Finger in dem Töpfchen herumzuspielen, in das sie gerade Pipi oder ihr Würstchen gemacht haben. Das Kind überschreitet diese Phase bald, mag die Gerüche nicht mehr und beginnt sich auch zu ekeln. Einzelne Menschen schaffen aber diesen Sprung in der Entwicklung nicht. Ihre spätere Sexualität koppelt sich an das nicht überwundene Verhalten an. Urin und Kot oder eins von beiden gehören fortan genau in dem Sinne zu ihrer Sexualität wie beim Masochisten etwa die Lust am Ausgepeitschtwerden dazugehört oder wie beim ›Normalen‹ die ästhetische Lust am Körper des anderen Menschen die sexuelle Befriedigung vorbereitet. Urinliebhaber sprechen in diesem Zusammenhang von ›Natursekt‹. An das Koterlebnis Fixierte nehmen dagegen gern wörtlich, was Götz von Berlichingen in jenem berühmt-berüchtigten Zitat, das Goethe ihm in den Mund legt, verlangt.

In den Anzeigen heißt das ganz direkt, bei Urinliebhabern, dann so: »Möchte gern eine Frau anpissen.« Oder: »Junger Mann, 26, mit kleinem Schwanz, sucht pißgeile Frau.« Und ›Natursekt‹ mögen beachtlich viele Anzeigenfreunde. Aber auch für sie gilt, was bei Sadisten und Masochisten richtig war, daß sie in den Sexanzeigen nur deshalb so häufig vorkommen, weil sie normalerweise erhebliche Schwierigkeiten haben, Partner für ihre ausgefallenen Wünsche zu finden. Auf dem offenen Markt der Sexanzeigen ist das schon eher möglich. Hier versammeln sie sich in der Hoffnung auf Erfüllung ihrer Wünsche.

Soft-Porno

Als Soft-Porno oder weichen Porno mag man die Sexanzeigen bezeichnen, wie sie in den an jedem Kiosk erhältlichen Sexzeitungen stehen. Das Leichte bezieht sich aber nur auf die abgewandelte Form der Sprache. Man redet nicht ganz so ordinär. Und private Fotos sind nur in geringer Stückzahl vorhanden, zudem recht harmlos, sie zeigen Nackedeis, die nicht ›in Aktion‹ sind. Auch die redaktionellen Bilder beschränken sich auf solche Motive, meist weibliche, versteht sich. Nackedeis, die nur lächeln oder ›schön‹ posieren. Diese Zeitschriften gibt es im Zeitungsformat oder als Illustrierte. Nur eine von ihnen verfügt über einen umfangreichen Anzeigenmarkt. Es ist das älteste Blatt dieses Gewerbes.

Alle Wünsche werden in ziviler Sprache vorgebracht, der ganze Jargon von ›geil‹ bis ›Schwanz‹ und ›Fotze‹ fehlt. Trotzdem sind es reine Sex-Suchanzeigen. Wer annonciert denn sonst in diesen Blättern? Ein Heiratswiliger, der entsprechende Kontakte sucht? Was nicht heißen muß, daß Menschen, die sich über eine Sexanzeige kennengelernt haben, am Ende nicht auch zusammenbleiben und sogar heiraten. Aber hierüber gibt es keine Zahlen, keine Statistik. Wer gäbe schon gern zu, den Lebenspartner auf diesem Wege gefunden zu haben.

Man spricht hier in den Softanzeigen von »gelegentlichem Plaudern und Schmusen«, von »außergewöhnlicher Freizeitgestaltung« und »schönen Stunden«. Man bezeichnet sich als »tolerant«, »vorzeigbar«, will »gegenseitiges Verwöhnen« und sucht ein »gleichgesinntes Paar«, oder man bietet »einsamer Frau/Fräulein schönes Zuhause«. »Schmusen und mehr« sucht ein Mann. Eine »Strapsträgerin, sehr freizügig, mit tolerantem Er« erkundigt sich, wo sie »tabulose Freizeit verbringen« kann.

Dennoch sind die Blätter, die sozusagen in der Grauzone zwischen eindeutigen Sexmagazinen und seriösen Zeitungen angesiedelt sind, in ihrem Anzeigenteil ein Kontaktmarkt, auf dem man sich — auch in dieser Sprache — offenbar gut versteht. Der Erfolg der Blätter, besonders des genannten größten von ihnen, das seit vielen Jahren erscheint, redet eine eindeutige Sprache.

Vom Text her unklar und doppeldeutig sind Kleinanzeigen in Tageszeitungen wie diese: »46jährige alleinstehende Dame sucht liebe, alleinstehende Dauerfreundin mit Niveau und Sinn für Romatik.« Eine lesbisch veranlagte Leserin kann sich durchaus angesprochen fühlen; es könnte ihr höchstens passieren, daß ihre eindeutige Zuschrift empört zurückgewiesen würde. Ebenso unklar im Text wie auch in der voraussichtlichen Wirkung auf Leserinnen ist solche Annonce: ». . . sucht interessante Freundin mit Geist und Stil.« Vorsätzliche Unklarheit verrät eher die lesbische Neigung, da man in Tageszeitungen vorsichtig formulieren muß und die ›Lesben‹ dies sehr wohl beachten.

Klarer wird es schon, wenn man liest: »Sie . . . sucht liebe, zärtliche, treue Freundin.« Es gibt kaum einen Zweifel, daß hier lesbische Kontakte angeknüpft werden sollen. Und wenn eine »attraktive Ehefrau . . . zum Ausgleich liebe Freundin« sucht, wird jedes lesbische Mädchen aufhorchen.

Ungehindert von der Sprachbarriere, die sich automatisch in seriösen Zeitungen auftürmt, können dagegen ›Lesben‹ wie ›Homos‹ ihre Wünsche in den Sexmagazinen äußern. Mit größter Offenheit spricht man sich aus, bevorzugt in der Regel ein leicht bis ganz ordinäres Vokabular, paßt sich auch hier der Sprachregelung an, um zum ersehnten Ziel zu gelangen. Und die Frauen reden ebenso wie die Männer in diesem Jargon.

»Sie . . ., mollig, sucht eine liebe, geile Freundin für einen scharfen Briefwechsel; aber auch ein schöner geiler Telefonsex ist erwünscht . . . Männer zwecklos.« Oder eine 34jährige Ehefrau mit stark lesbischer Neigung möchte die passende Freundin kennenlernen und bietet eine Art Paradies an, denn sie hat immer Zeit: »Da nicht berufstätig, bin ich tagsüber immer allein.« Und weiblicher Besuch ist ja wohl in der Regel höchst unverdächtig . . .

Natürlich gibt es in der gleichgeschlechtlichen Liebe auch fast alle Abartigkeiten, die im heterosexuellen Verhalten vorkommen. So signalisiert eine bayrische Ehefrau: »Außer NS keine Tabus. Erfülle gerne ausgefallene Wünsche.« Und damit der private Charakter ihrer Anzeige unmißverständlich bleibt — denn gerade sexuell freizügige Frauen, die wegen solcher Wünsche annoncieren, geraten leicht in den Verdacht des professionellen Tuns —, fügt sie klar hinzu: »Keine finanziellen Interessen.«

Den Männern, die ihren homosexuellen Partner suchen und sich dabei einer Kleinanzeige bedienen wollen, stehen heute verschiedene Publikationsmöglichkeiten zur Verfügung. Im offenen Zeitschriftenhandel gibt es mehrere Journale, die eigens »von Männern für Männer« gemacht sind, Monatszeitschriften, die ihre Hauptaufgabe nicht im Anzeigengeschäft sehen, sondern über die besonderen Probleme dieser Art des Menschseins informieren (eine Titelgeschichte in einem dieser Magazine war wörtlich überschrieben: »Menschsein ist für uns das Wichtigste«) und den ›Schwulen‹ zu mehr Selbstbewußtsein verhelfen wollen. In den Anzeigenteilen dieser Zeitschriften geht es zumeist — in sprachlicher Hinsicht wie auch inhaltlich — genauso gesittet zu wie in den Partneranzeigen der großen Tageszeitungen, nur, daß hier ein Freund statt einer Frau gesucht wird; der Wunsch nach Dauerfreundschaft steht obenan. Daneben gibt es reine Sexmagazine für ›Homos‹; und natürlich annoncieren ›Homos‹ auch in den allgemeinen Sexmagazinen, deren Zielgruppe beide Geschlechter sind.

Wenn in den Anzeigen solcher Sexmagazine die Rede davon ist, daß Alter und Aussehen des gesuchten Partners unwichtig seien, sofern er nur die eindeutigen Wünsche erfülle, deutet dies wohl immer auf eine innere Not, auf die Unfähigkeit oder Unmöglichkeit, den Wunschpartner zu finden, den sich ja jeder Mensch vorzustellen vermag. So schreibt auch ein 38jähriger Mann: »Alter und Aussehen nebensächlich. Jede Zuschrift wird garantiert beantwortet.« Er möchte am liebsten »ein bis zweimal wöchentlich« Sexkontakte haben mit einem guten Freund. Ob der Partner für den »regelmäßigen Dauerkontakt« verheiratet ist und nicht rein homosexuell veranlagt, sondern nur ›bi‹ ist, spielt keine Rolle. »Ausgiebiger Mundverkehr« ist seine Spezialität.

»Eigenes Haus und Auto vorhanden«, berichtet ein 35jähriger Mann, der aber davon träumt, einen Motorradfahrer zu lieben. »Er sollte gut aussehen, etwas treu sein.« In völlig ordinärem Jargon bietet sich dagegen ein »kräftig-molliger Mann, 32« an, sein Wunschpartner ist ein älterer, bulliger Typ, der alles erdenkliche Ordinäre mit ihm anstellen darf. Auch hier »keine finanziellen Interessen«, Strichjungen möchte er nicht sehen.

In einer Anzeige zusammengetan haben sich zwei Homo-Freunde, die 36 und 37 Jahre alt sind. Sie senden sozusagen ein ›Signal an alle‹, denn sie suchen »Bi-Boys, Freundespaare, Einzelpersonen von 18—45, die genauso geil sind wie wir.« Sie versprechen, alles mitzumachen, denn »beim Sex sollte es keine Tabus geben«. Nur ein Tabu richten sie selbst auf: »Tucken und Tanten sowie Transvestiten haben keine Chance.«

Modelle, Hostessen

Fairerweise sind in den Sexmagazinen Anzeigen aus Kreisen professioneller Liebedienerinnen als solche gekennzeichnet. Denn ganz überwiegend soll ja dieser Anzeigenmarkt privater Art sein. Während aber Sexmagazine bis heute ausschließlich in besonderen Geschäften erworben werden können, ist der Anzeigenmarkt für die sogenannten Hostessen, Begleiterinnen und Modelle oder wie sie sich sonst noch euphemistisch nennen, voll übergeschwappt in die Boulevardpresse hinein, also in Zeitungen, die an jedem Kiosk liegen, die oft auf dem Familientisch landen. Sexanzeigen privater Art gibt es in seriösen Tages- und Wochenzeitungen nicht, auch nicht in der Boulevardpresse. Aber Hausfrauen oder Studentinnen mit solchem Nebenjob und professionelle Huren — es ist bei diesen Anzeigen nicht klar zu unterscheiden, ab wann von hauptberuflicher ›gewerbsmäßiger Unzucht‹ die Rede sein kann — dürfen aus ihren Appartements heraus Anzeigen aufgeben, sie tun dies mit offener Adresse oder nur mit Telefonnummer. Ebenso jene Kleinbordelle, die sich neben den traditionellen ›Freudenhäusern‹ in den letzten Jahren überall in unseren Städten etabliert haben und, wie man an der zunehmenden Zahl der Anzeigen ablesen kann, sich ständig vermehren; unter Bezeichnungen, die sie aus dem Milieu der Nachtclubs entlehnt haben, wie ›Hawaii‹, ›Cherie‹ oder ähnlich, meist aber als ›Sauna-Club‹ oder schon unverhüllter als ›Massagesalon‹ deklariert, betreiben sie ihre Geschäfte, halten professionelle Dirnen bereit. Ganz sicher hat die ihnen eingeräumte Möglichkeit, per Zeitungsanzeige um Kundschaft zu werben, zu ihrer Vermehrung beigetragen. Der Interessent kann sich täglich komplett über das einschlägige Angebot informieren, wenn er eine der Boulevardzeitungen kauft, die diesen Anzeigenteil führen.

Um das Panorama der Sexanzeigen abzurunden, bringen wir ein Beispiel, einen Ausriß aus einer Boulevardzeitung, der Berliner ›BZ‹. Boulevardzeitungen dieser Art nehmen dieses Anzeigengeschäft gerne mit. Man liest solche Inserate im Köln-Düsseldorfer ›Express‹ ebenso wie in der Frankfurter ›Abendpost/Nachtausgabe‹. Und auch die Münchner ›Abendzeitung‹, sonst bekannt für ihren im Bereich der Boulevardpresse anspruchsvollen Kulturteil, mutet ihren täglich über eine Viertelmillion Lesern Bordellanzeigen zu. Offensichtlich erfolgt die Veröffentlichung solcher Anzeigen nicht nur im Profitinteresse der Verlage, sondern auch im Interesse des lesenden Publikums, das von einer Boulevardzeitung eben erwartet, auch im Anzeigenteil über alles informiert zu werden, was diese Welt so bunt macht, und dazu gehört die Verruchtheit des ältesten Gewerbes der Welt.

Was soll's?

Die Frage nach der gesellschaftlich relevanten Funktion des Sex-Anzeigenmarktes stellt sich zum Schluß. In zweifacher Hinsicht wird hier das allgemeine Interesse berührt. Die erste Frage, ob es — auch im juristischen Sinne — gegen die guten Sitten verstößt, mit solchem Vokabular und vor allem solchem Bildmaterial in der Öffentlichkeit aufzutreten, wurde in der Praxis mit einem faulen Kompromiß beantwortet. Diese Magazine sind nur in bestimmten Ladengeschäften zu kaufen, unter Ausschluß der Jugendlichen, die diese Shops nicht betreten dürfen. Wie oft sie es tatsächlich tun, ist eine andere Frage, denn heute sehen Fünfzehnjährige oft genug wie achtzehn aus, und läßt man sich immer den Personalausweis zeigen? Aber für die Erwachsenenwelt ist die Öffentlichkeit solcher Magazine hergestellt.

Die zweite Frage lautet: Ist es gut, daß es solch ein ›Ventil‹ gibt? Haben die Sexkontakte, die aufgrund dieser Anzeigen zustandekommen, ungefähr eine ähnliche Funktion wie die Bordelle? Wird hier die Öffentlichkeit, die sich über solche Praktiken empören mag, nicht eher geschützt? Nämlich vor jenen Menschen, die bei angeborener krankhafter Triebhaftigkeit oder bei erheblichem Abweichen vom Durchschnitt sexuellen Verhaltens sonst kaum Partner fänden und Gefahr liefen, sich in kriminelle Handlungen zu verstricken? Wenn man den hohen Prozentsatz von abartigen Wünschen in den Sexanzeigen sieht, hat diese Argumentation viel für sich.

Natürlich bildet sich hier eine neue Subkultur heraus. Aber solange diese Subkultur der übrigen Gesellschaft nicht schadet, sondern im beschriebenen Sinne eher nützt, bleibt nur übrig, den Verfall der Moral in unserer Gesellschaft ganz allgemein zu beklagen. Aber das haben Moralisten zu allen Zeiten getan. Waren die Menschen also schon immer so, wie sie sind? Vielleicht seit es sie gibt?

Zu den folgenden Tabellen

Ausgewertet wurde für diese statistische Übersicht ein Exemplar eines der führenden Sexmagazine aus dem Juli 1981. In dieser Ausgabe waren insgesamt ca. 1200 Anzeigen enthalten. Ausgesondert wurden die gewerblichen Anzeigen (von Prostituierten) sowie die Anzeigen von Frauen, die Frauen suchen, und von Männern, die männliche Partner suchen; die beiden letzten Gruppen waren für die Analyse nicht typisch, weil es eine Konzentration dieser Anzeigen in speziellen Magazinen für Homosexuelle gibt und der geringe Anteil in einem allgemeinen Sexmagazin nicht repräsentativ ist. Das Einbeziehen der Magazine für Homosexuelle war aber nicht angebracht, weil dann, um auch über diesen Bereich zuverlässige Vergleichszahlen zu gewinnen, wiederum sämtliche zu einem bestimmten Zeitpunkt erschienenen allgemeinen Sexmagazine hätten statistisch erschlossen werden müssen; das aber lag außerhalb der Absichten dieses Buches.

Den folgenden Tabellen liegen deshalb 874 Anzeigen aus der genannten Ausgabe eines allgemeinen Sexmagazins zugrunde.

Hierunter waren von den Inserenten, die derartige Anzeigen aufgaben, 61,4 Prozent Männer, nur fünf Prozent Frauen und 33,6 Prozent Paare.

Altersgruppen der Inserenten

	% der Männer	% der Frauen	% gesamt
bis 25	29,9	32,9	31,4
26 - 30	20,7	24,9	22,8
31 - 35	14,9	16,6	15,8
36 - 40	10,8	4,2	7,4
41 - 45	6,3	8,4	7,3
46 - 50	3,9	3,0	3,4
51 - 55	1,1	0,6	0,8
56 - 60	1,0	-	0,5
über 60	0,5	-	0,2
ohne Angaben	10,9	10,0	10,4
	100,0	100,0	100,0

Altersangaben der Paare wurden auf Männer und Frauen verteilt.

Die Sexwünsche der Inserenten

Es wird angeboten und/oder gesucht:

Mann sucht Frau	49,9 %
Frau sucht Mann	3,9 %
Spiele zu viert (Paar sucht Paar)	23,6 %
Spiele zu dritt (Paar sucht Frau)	21,7 %
Spiele zu dritt (Paar sucht Mann)	15,7 %
Spiele zu dritt (Mann sucht Paar)	21,1 %
Spiele zu dritt (Frau sucht Paar)	0,7 %
Sadismus/Masochismus	5,3 %
Leder-/Gummifans	1,6 %
anderer Fetischismus	3,8 %
Voyeure	1,4 %
Exhibitionisten	0,7 %
"NS" (Urinsex)	5,4 %
Kot-Sex	1,3 %
Analverkehr	5,6 %
Transvestiten	0,9 %
Mann bisexuell	11,3 %
Frau bisexuell	5,6 %

Prozentzahlen addieren nicht auf 100, da viele Mehrfachnennungen.

[redacted]: Geile Ehefrau, 27, sucht für diskrete, gelegentliche Treffs am Nachmittag in ihrer Wohnung nur wirklich gutaussehende, stark gebaute und ausdauernde Herren bis 35. Nur Ganzbild-Zuschriften (keine Jugendbildnisse). Mache alles, was Spaß macht . . . ! ↓ Siehe Bild. [redacted]

Wo kann vielseitige Sie, 38, Strapsträgerin, sehr freizügig – mit tolerantem Er, tabulose Freizeit verbringen. – Raum Düsseldorf/Niederrhein. [redacted]

Sie, jung, unerfahren, sucht nette Bekanntschaft mit ihm. [redacted]

Hübsche, vollbusige Blondine (23) wünscht sich aufregenden Briefwechsel. [redacted]

Raum [redacted]: Vernachlässigte Ehefrau, 36, bi, schlank, unkompliziert und sehr geil, möchte ohne finanzielle Interessen potente Herren, bi-Damen und bi-Paare für alle geilen Spielen kennenlernen. Habe viel Freizeit. Jede (Akt)-Bild-Zuschrift mit Freiumschlag wird sofort beantwortet. [redacted]

Raum [redacted]: Mittfünfzigerin, 102/78/103, sucht für Urlaub im August geilen Busenfan sowie potenten leck- und fickfreudigen Besamer mit frivolem, obszönem Wortschatz. Riemen ab 18 x 5. Bleibe muß vorhanden sein. Keine finanziellen Interessen. Geile Zuschrift mit Aktbild, evtl. Telefon-Nr., Freiumschlag. ↓ Siehe Bild. [redacted]

[redacted] Mein Mann (46) schafft mich nicht mehr, aber ich (35) brauche es fast täglich. Deshalb haben wir vereinbart, eine Aushilfe einzustellen. Bedingung: Ausdauernd, leistungsfähig, vorzeigbar, sauber und verschwiegen. Bewerber mit Bild (oben und unten) – garantiert zurück – bitte melden. ↓ Siehe Bild. [redacted]

Paar, 26/38, sucht: Ein weibliches Wesen mit Spaß am Sex und ohne Komplexe. Ein nettes, aufgeschlossenes Paar und für „Sie" einen kleinen Männerkreis mit 2 – 5 großen und ausdauernden Schwänzen. Wir würden uns über (Bild)-Zuschriften und Telefonnummer (wird sofort beantwortet) freuen. P.S.: Ein einzelner, starker Schwanz, auch Neger (sehr erfreut) wäre auch sehr willkommen. ↓ Siehe Bild. [redacted]

[redacted]: Erstkontakt! Sympathisches, gutaussehendes Ehepaar mit Niveau 35/32, Sie bi, sucht nette Bi-Freundin oder Ehepaar, wobei Sie Bi sein sollte, für geile Stunden, oben PT. Jede Ganzbildzuschrift mit Telefonangabe wird beantwortet (Bild zurück)! Sauberkeit und Diskretion Ehrensache [redacted]

Ruhrgebiet: Hübsches Ehepaar, 26/29, 1 Kind, sucht nette, schlanke Bi-Freundin (auch mit Kind) für Dauerfreundschaft und zärtliche Spiele zu dritt. Auch Interesse an Ehepaar mit Freundin. 100 % Diskretion. Bitte Bildzuschriften mit Telefonangabe. Interesse an [redacted]. ↓ Siehe Bild. [redacted]

Punta Skala/Jugoslawien: Zwei Spitzenpaare, 28–35 Jahre, sind von [redacted] bis [redacted] zum FKK-Urlaub auf Punta Skala. Dort könnten wir uns treffen und hemmungslos ficken und lecken. Schreibt uns bitte schnell. Wir sind auch an netten Paaren für zuhause interessiert. ↓ Siehe Bild. [redacted]

[redacted]: Attraktives Paar, Mitte 30, sucht geiles Paar. Wir lieben den Sex in allen Variationen, auch leicht NS. Kein MS und Anal. Wir suchen ein Paar, das wie Sie ohne Höschen und mit durchsichtiger Bluse ausgeht. Ferner ist Sie bi und läßt sich gerne von zwei Männern ficken. Es sollten sich nur Paare melden, die der gleichen Meinung sind wie wir. Nur Bildzuschriften werden beantwortet (Bilder retour). Wir meinen es ehrlich! Ihr auch? ↓ Siehe Bild. [redacted]

Solides Ehepaar: Sie 38/172, Er 42/166, beide schlank. Wir ficken gern in der freien Natur, weil wir es prickelnd finden, daß wir beobachtet werden könnten. Wir suchen gleichgesinnte (Ehe-)Paare im Raum [redacted]. PT kann, muß aber nicht sein. [redacted]

NRW: Schlankes, sehr gepflegtes und hemmungsloses geiles Ehepaar, sehr gutes Niveau, sucht heiße Gespielin oder entsprechende Paare für scharfe Sexspiele einschl. NS. Erstes Treffen: Die Damen in aufreizender Kleidung. Keine Anlaufzeit. ↓ Siehe Bild. [redacted]

Raum [redacted]: Topgeiles Unternehmerpaar, attraktiv, 30/40, mit Niveau, Chic, Charme und Diskretion lädt superscharfe Paare und heiße, exhibition. Ladies in exklusives Jagdhaus ein. Bieten grenzenlose Erotik, geile Ausschweifungen, PT, Rudelbumsen mit großzügiger Übernachtungsmöglichkeit. Erwarten freizügiges, extravagantes Auftreten ohne BH und Höschen, frivole Kleidung, Strapse, High-heels. Bei Sympathie zärtlich-geiler Sofortkontakt. Adäquate Bildzuschriften möglichst mit Telefonangabe. Völlig zwecklos einzelne Herren oder finanzielle Absichten. ↓ Siehe Bild. [redacted]

Ruhrgebiet [redacted]: Sympathie vorausgesetzt, möchte kultiviertes, tabuloses, gutaussehendes Ehepaar (Sie etwas bi), für stimulierende, hemmungslos-geile, jedoch anspruchsvolle Stunden zu viert (GS/69/PT, kein MS/NS), (Ehe-) Paar(e) zwischen 35–55 kennenlernen und einladen. Vorrangig sind für uns Gemeinsamkeiten wie Niveau, Intellekt, Schlankheit, Problemfreiheit und gleiches Faible für zärtliche Erotik. Diskretion und Bildrückgabe selbstverständlich. Bitte Telefonangabe. Interesse [redacted]

Erstkontakt: Geiles Ehepaar 27/35, schüchtern ohne Erfahrung, sucht (Ehe) Paare, auch Einzelpersonen für den zärtlich geilen Sex, auch Paar mit Kinder angenehm, da selber 2 Kleinkinder Wochenendgrundstück am See vorhanden. Jede ehrliche Bildzuschrift wird beantwortet. Kein finanzielles Interesse, aber Diskretion. Wir beteiligen uns an euren Unkosten, oder holen Euch auch ab. [redacted]

NRW: Ehepaar, 26/28, sie bi, sehr zärtlich und sehr geil, sucht entsprechendes Paar mit viel Phantasie. Erbitten Bildzuschriften. [redacted]

[redacted]: Welcher Bi-Mann möchte, wenn er meine Freundin fickt, von mir gefickt werden. Ich bin für jeden tabulosen Sex zu haben, auch nur von Mann zu Mann. Ich bin 34 Jahre, habe einen großen Schwanz. Ich würde mich auf ein gemeinsames Wochenende mit Dir in Zürich freuen. Keine finanziellen Interessen. Auto und Telefon vorhanden. 100 % Diskretion. [redacted]

Südd.: Ehepaar, 30/28, beide Bi, suchen Bi-Freundin oder Bi-Paar für alle Spiele. Kein MS. Einzelne Herren zwecklos. Offene ehrliche (Akt)-Bildzuschrift (garantiert zurück), Tel. (Telefonsex) erwartet. Interesse an [redacted]

Attraktives Ehepaar, gefühlvoll, sehnt sich nach einer Partnerin die für sehr viel Liebe empfänglich ist. Möglichst Bildzuschrift mit Telefonangabe. Antwortgarantie. [redacted]

Hilfe! – Hilfe! [redacted] und Umgebung: Erstkontakt! Junges Paar, 22/18, sucht Mädchen oder junge Frau, 18 – 30, für zärtliche und geile Spiele zu dritt. Allein von dem Gedanken, daß uns eine heiße und nasse Muschi verwöhnt, werden wir jetzt schon ganz geil und würden es Dir zu danken wissen wenn Du Dich schnell und mit Bild (Telefon) bei uns melden würdest. Wir bitten um Diskretion. ← Siehe Bild. [redacted]

Raum [redacted]: Junges Paar, schlank und gutaussehend, sucht für romantische Abende und Wochenenden attraktives Paar. Wir lieben die zärtliche Erotik und unsere Toleranz wächst mit der Sympathie. Bildzuschrift [redacted]

[redacted], 30/176, zärtlich und ausdauernd, sucht geile Schmusekatzen (gerne auch ältere), die sich von meinem potenten Schwanz (18 x 4,5) verwöhnen lassen möchten. Mache fast alle Dummheiten mit. Große Wohnung vorhanden sowie Übernachtungsmöglichkeit geboten. Diskretion und Sauberkeit Voraussetzung. [redacted] Erwarte sehnsüchtig Eure Zuschriften [redacted]

[redacted] Diese Anzeige sollte nur echte Jungfern (Alter egal) ansprechen. Welches [redacted] ist noch nie mit einem steifen Schwanz (41) in Berührung gekommen? Ich entjungfere diese [redacted] iskret in meiner Wohnung. Welche geile Sie meldet sich? Keine finanz. Interessen. [redacted]

Netter Ingenieur, 46, Ruhrgebiet, sucht Kontakte zu Paaren oder einzelnen Damen. [redacted]

[redacted]: Molliger Wichser 42, sucht Dame oder Paar zum Ficken, Lecken, Wichsen, Zuschauen und alles was geil ist, ist erlaubt. [redacted]

Norddeutschland: Männliche Jungfrau, 37/180, blond, schlank, sehr stark gebaut, möchte mit netter Sie, Alter nicht entscheidend, alles Schöne der Liebe erleben. [redacted]

Junger Mann, 29/179, sehr zärtlich, ungebunden, sucht tabulose, geile Freundin bis 35. Ich mö. Sekt aus deinem [redacted] trinken, und wenn Du mir [redacted] möchte ich bei einem geilen Kuß den [redacted] mit Dir teilen. Nette Wohnung, Auto, Video-Recorder, Sonnenliege u. schöne Musik erwarten Dich. Bei Symp. kannst Du umsonst bei mir wohnen. Bitte nur

Bildzuschr. an Offerte [redacted]

Niedersachsen: Welches unkompliziertes Paar/Sie/Er, wünscht sich netten, diskreten Freund (47), vielseitig, franz. kultiviert für außergewöhnliche Freizeitgestaltung. Finanzinteressenlos. Bildzuschriften. Antwortgarantie. [redacted]

Gesucht in [redacted]: Welche 2 Freundinnen oder 2 Lesben lieben jeglichen Sex, ficken, [redacted], auf Wunsch auch anal, mit potentem, ausdauerndem Mann. Viel Tagesfreizeit. Keine finanziellen Interessen. Nur Lust entscheidet, da nie ausgelastet. Alles erlaubt im Trio. [redacted]

[redacted]: Großschwänziger, geiler Kater, sehr attraktiv, 35/1,78, gepflegt, phantasievoll, sucht nach gelungener Scheidung nur wirklich triebhafte Kätzchen, die sich schamlos bis ordinär ficken lassen. Du solltest sehr [redacted] sein. 08/15 ablehnen und eine richtige geile Sau bevorzugen. Jede Zuschrift wird diskret beantwortet. Da gebe ich Dir meinen [redacted] drauf. ↓ Siehe Bild. [redacted]

[redacted]

Erz., Mitte 40, groß, schlank, fess., dom. Persönlichkeit, erteilt echt passiv veranlagten Frauen, Männern, Paaren einprägsame, nachhaltige Lektionen mit dem Rohrst. usw. auf den bl. Hintern.

Zuschriften an Offerte [redacted]

Dominanter attraktiver Typ, 40/186/77, sucht hübsche versaute Dienerin, die als Nutte letzter Klasse verfügbar zu sein hat. Sie soll ausgiebig begutachtet, pervers behandelt und mit entsprechenden Ausdrücken belegt werden. Wer führt mir evtl. geeignete Person vor. Taschengeldwünsche werden nicht ausgeschlossen. ➡ Siehe Bild.

[redacted]

[redacted]**:** Agressive, saugeile Frauen, die manchmal Lust haben einen unerfahrenen, gehorsamen Studenten, tagsüber oder abends, als willigen Diener für Arbeiten und säuische Gelüste zu halten und anzulernen, sollten mir einfach mal schreiben. Auch anonyme Treffen angenehm. Bildrückgabe, Antwortgarantie. ➡ Siehe Bild.

[redacted]

Einsamer, gesunder und

noch reger, leidlich aussehender, vertrauenswürdiger Siebzigjähriger sucht echte und beständige Kameradschaft mit einem alleinstehenden, rüstigen, gesunden, deftigen, zuverlässigen, ebenfalls schon gereiften Mann. Dieser soll zur Erteilung str. Z. fähig sein. Wenn das gründl. Ausp. seines Partners seinen Neigungen und Leidenschaften entspricht und ihm Freude und Genuß bereitet, dann könnte er der richtige Freund werden. Regelung aller Zukunftsfragen bei Begegnung und Aussprache nach vorausgegangener, briefl. Vereinbarung für ein Treffen.

Zuschriften an Offerte [redacted]

[redacted]

Er, 37, TV, sucht Ihn/Sie. Bin sehr gehorsam, führe jeden Befehl aus. Auch S/M, NS. Wer will mich benützen? Auch als Zofe auf Parties. Tel. vorh.

Zuschriften an Offerte [redacted]

Süddeutschland – CH – A:

Jg. Maso, echt veranlagt, sucht echte sado-Damen, Paare, Herren, Kreise, Clubs usw. Was man mit mir machen kann? Körper- und Genitalfess., Kerzenw., N., Kl., Intimrasur, P., Analbehandl., Klistier, Kath., oral, anal, Folt. Bitte Tel.-Angabe.

Zuschriften an Offerte [redacted]

[redacted]

Wer erz. männl. Sklavensau, 34? Suche geile Damen, Herren oder Paare, Alter und Aussehen egal, Hauptsache pervers. Wer dem. mich? Wer erz. mich mit P.? NS und Vorführungen mögl. Bitte erhören Sie das Flehen eines willigen, perv. Sklaven. Wohnung vorhanden.

Zuschriften an Offert[redacted]

[redacted] Er, (43) möchte gern eine Frau anpissen, dabei Damenstrümpfe tragen und sie anschließend ficken. Auch von[redacted]seite sind Wunschvorstellungen erbeten. Bin auch als Zuchthengst zu gebrauchen. Keine finanziellen Interessen. [redacted]

[redacted] Junger Mann, 26, mit kleinem Schwanz sucht pißgeile Frau. Alter v. ? bis 45 zum Schmusen, Lecken u. Ficken. Schreibe mir Deine Wünsche evtl. mit Bild u. Tel.-Nr. Diskretion. Antwortgarantie.

[redacted]

Nähe [redacted]**:** Geiler junger Mann, sucht alleinst. geile Mädchen/Dame für Natursekt. Kann empfangen und besuchen. Alle Briefe werden beantwortet. ➡ Siehe Bild. [redacted]

BRD: Wo kann sich ein sauberer, schlanker junger Mann, 25/180/72, von Dame oder Paar anpissen lassen? Auf Wunsch Taschengeld. Bitte Bildzuschrift. [redacted]

Voyeur, 35, möchte gerne Pärchen heimlich beobachten. Wer kann mir Möglichkeiten vermitteln oder Hinweise geben. Großzügiges Taschengeld und äußerste Diskretion werden geboten. [redacted]

46jähr. alleinst. Dame, su. liebe, alleinsteh. Dauerfreundin mit Niveau u. Sinn für Romantik. [redacted]

Sie 40/172 sucht liebe zärtl. treue Freundin. Angebote [redacted]

Schützin

Mitte 40, unabhängig, sportlich-elegant, sucht interessante Freundin mit Geist und Stil. [redacted]

[redacted] **Ehefrau, 34 Jahre, mit stark lesbischer Neigung, möchte passende Freundin kennenlernen. Da nicht berufstätig, bin ich tagsüber immer allein. Bitte Bildzuschrift (textil).** [redacted]

Sie, 44, mollig, sucht eine liebe, geile Freundin für einen scharfen Briefwechsel; aber auch ein schöner, geiler Telefonsex ist erwünscht (letzteres nur in Köln). Männer zwecklos. [redacted]

Bayern: Ehefrau, 29/165, Bi, sucht für sich allein oder mit Ehemann aktive Bi-Freundin. Außer N/S keine Tabus. Erfülle gerne ausgefallene Wünsche. Bitte Bildzuschrift. Keine finanziellen Interessen! Auch Paar – Sie „Bi" – erwünscht! [redacted]

Raum [redacted]**:** Gutaussehende Ehefrau, Mannequin, 27, bi, mit Niveau, Temperament, sucht wirklich attraktive bi-Freundin, ebenfalls mit passivem Partner für eine Freundschaft, bei der Geselligkeit, Lebensfreude, Stil und schöne Kleidung die Atmosphäre schafft für echte Zärtlichkeit. Erbitte Bildzuschriften. ↓ Siehe Bild. [redacted]

Raum [redacted]**:** Ehefrau, 42 Jahre, schlank, bi, geil, sucht Lesbe, Paar, auch Klub. Ehemann bleibt auf Wunsch passiv. Wer ladet uns ein. Diskretion garantiert. [redacted]

NRW [redacted]**:** Sehr attraktive Ehefrau, stark bi, sehr sexy, sucht gleiche bi-Freundin mit Niveau für Freundschaft und Freizeit. Bin 27/165 und liebe Zärtlichkeit und gegenseitiges Verwöhnen. Zuschriften mit Bild werden garantiert beantwortet. ↓ Siehe Bild. [redacted]

Raum Pfalz, Saarland: Er 35 Jahre, sucht jungen Bi-Boy von 18–25. Er sollte gut aussehen, etwas treu sein, evtl. auch Motorradfahrer. Eigenes Haus und Auto vorhanden. [redacted]

BRD: Kräftig-molliger Mann, 32, mit prallen behaarten Schenkeln, feisten [redacted] **möchte von älterem, bulligem Mann wie eine** [redacted]**sau rangenommen werden. Maul und** [redacted] **können mit allem** [redacted]**, damit ich** [redacted] **werde. Keine finanziellen Interessen.** [redacted]

Raum Köln: Welcher Mann mit schönem Schwanz (verheiratet, bi oder homo) wünscht regelmäßigen Dauerkontakt ein- bis zweimal wöchentlich mit kultiviertem 38jährigen, 177/60/17,5 x 5 cm, zwecks gegenseitigem, ausgiebigen Mundverkehr (kein anal/SM). Diskretion, Sauberkeit, Zuverlässigkeit Bedingung – Alter, Aussehen nebensächlich. Jede Zuschrift (bitte mit Bild und Tel.-Angabe) wird garantiert beantwortet. ↓ Siehe Bild. [redacted]

Raum [redacted]**:** Bin 50/175/72, behaart, suche Freund für Anal und Piß-Spiele. Diskretion und Sauberkeit Ehrensache. Keine Geldinteressen. [redacted]

Norddeutschland – BRD: Fickfreudiges, leck- und blasgeiles männliches Freundespaar, 36/37, mit großen und immer steifen Schwänzen suchen bi-Boys, Freundespaare, Einzelpersonen von 18 – 45, die genau so geil sind wie wir. Beim Sex sollte es keine Tabus geben. Wir sind sehr anpassungsfähig und machen wirklich alles mit. Tucken und Tanten sowie Transvestiten haben keine Chance. (Bild)-Zuschriften werden sofort beantwortet, 100 % zurück. [redacted]

u. Peggy, 1/62
[redacted] Modelle, 10-18.30 Uhr

Susi Süss –
n, Modell, Tag/Nacht auch
e, mein Telefon: [redacted], in
, Hosteinische[redacted] Sei-
el links, parterre rechts

lbersteinstr.[redacted] –
Mo.-Fr. 11-18 U., Studio

dy dominant
it Niveau, 23 J., 85[redacted]

Bochumer Str.[redacted]
langbeinige Modelle mit
gur, 10–19 U., Hof part.

n – Gitta – Tina
Modelle erwarten 10–22 U.
fer St[redacted]. Etg., 31[redacted]

, 19 J., 3[redacted]05
t Sie tägl., 9-22, Modell

olmsstr.[redacted] Ines
odell Eva, Mo.-Fr. 10-20 U.

Silbersteinstr. [redacted]
nnstr., 3 Modelle, Mo.-Fr.
., Sbd. u. Stg. 10–15 Uhr

llee [redacted], Südwest-
te Modelle, Mo.-Fr. 11-18 U.,
vedenmodell von 16-18 Uhr

[redacted] Neu
Carla u. Sklavia
e, zart, 1/21, v. 10-22 U.

eues Ufer [redacted]
in Moabit. In gepflegter At-
rwarten Sie 3 hübsche Mo-
Sie auch gerne besuchen,
[redacted]6 (bei[redacted]

seitige Domina =
undin, Modell, 3[redacted]

Britzer Damm[redacted].
Hermannstr. [redacted] Modelle,
20 U. u. Sbd. u. Stg. 10–15 U.

– Sheila –
s Asia-Modell, private Atmo-
re, 8[redacted]21, ab 10 U.

eu, Modell, 34 J.!!
lank mit Niveau, Mo.-Fr. 10-
, 8[redacted]03, mit viel Zeit

sbesuche, 42 J. =
liges Modell, BH 8, 7[redacted]57

risienne, Spandau
nit Chic u. Charme erwarten

Klee - Kantstr[redacted]
französisches Modell, BH 9, 10-18 U.

43 J., apart, üppig, BH 19
Modell, Hausbesuche[redacted]09

Gr. Oberweite, zart, schön
Leibnizstr[redacted]9 U., Modell

Neu, knabenhaftes Modell
ab 10 U., 1/21, Havelberger[redacted]

Französin (charmant)
mit Freundin, Gr. 36, große Oberweite,
erwartet u. besucht[redacted]8, Modell

[redacted]30
großes Modell, Oberweite 110, 23 J.

Neu! Hausbesuche
3 nette Modelle, Tag u. Nacht[redacted]3 68

BZ-Anzeigenannahme in allen Ullstein-Filialen

Neukölln	Hermannplatz 7
Schöneberg	Mart.-Luth.-Str. 14-16
Spandau	Klosterstraße 5a
Steglitz	Albrechtstr. 16
Tegel	Gorkistr. 24
Tempelhof	Tempelhofer D. 211
Wedding	Amsterdamer Str. 2

geöffnet montags bis freitags von 9–12 und 15–18 Uhr

! Tegel ! [redacted]27 !
Modell, blond, 10-20 Uhr, ab 20 Uhr Hotel-/Hausbesuche

==Thaimodell==
am Barbarossaplatz
1/30, [redacted] Anke 10-19 U.

Brandenburgische Str.[redacted]
1/31, 3 vielseitige Top-Modelle erwarten Sie, v. 12-2 früh[redacted]79 05

Tschechin Jana besucht
Sie im Haus-Hotel, [redacted]3, Modell

= 1/44, Hermannst[redacted] =
Mollig! Thaimodell u. Moni, 10-20 U.

Der Hausbesuch mit Zeit
===[redacted]===
Drei fröhliche Modelle: Elke blond, Michaela mollig, Biggy vielseitig, rothaarig erwarten/besuchen, 11-2 U.

Naturrot, BH 8, [redacted]39
Modell, private Atmosphäre, 10-19 U.

Modell, Weichs
Mo.-Sbd. ab 10 U., Hof-Stf

– Braune Aug
Hausbesuch, Modell, 23 .

Eisenacher St
in der 2. Etage, 3 nette M
stie, zart und dom

! Haus-Hotelb
Nettes Modell, 19 J., 1,67

Neu – Brasilianer
u. Mulattin, üppig, u. Bl
mant, Modelle, Dü[redacted]

Exotikmodell, Ro
jung, vollschlank, 1/36,
[redacted]ts, v

Hausbesuch, zart
BH 6, v. 9–21 U., Tel.

Neu – Achtung
110 – 85 –
Karin, groß, mol
und 2 neue, schlanke Mo
erwarten und besuchen S
1/41, Rheinst[redacted]

Lichterfelder R
Schwedenmodel
Tanja, rassige Zi
schlank, BH 11, u. Babsi,
fahrene Domina, 10-20

Neu! Liberdas
2 Modelle erwarten Si

Sklavia Dana, M
24 u. 23 J., 11–23 U., 65[redacted]

Haus- u. Hotel
22 J., BH 8, apartes Mod

Neu, früher Spar
[redacted]5, Schererstr.
u. Tanja, 2 Modelle, 1. E

3 ganz neue N
1/51, Lindauer Allee[redacted]

Hausbesuche, 3
2 hübsche Modelle v

Neues Karibik-
jung, rassig, gepflegt, M
U., 1/36, Görlitzer S[redacted]

Zart u. dominant,
schlankes, braunes

Anstelle eines Schlußkapitels: Zwei Interviews und ein Bericht

Der Anzeigenmarkt der Partnersuche lebt von der Diskretion. Der Inserent muß sicher sein können, daß niemand außer ihm selbst seine Anonymität lüften kann. Das ist Vertrauenssache; die Anzeigenabteilungen der Zeitungen und Zeitschriften, die auf diesem Markt tätig sind, tun alles, um sich das Vertrauen der Inserenten zu erhalten. Sie lassen es sich auch angelegen sein, die Inserenten vor gewerblichen Angeboten zu schützen, zum Beispiel vor den Angeboten von Heiratsvermittlungsinstituten, die zwar ihrerseits auch Inserate aufgegeben können, denen es aber schwergemacht wird, über die Chiffre im privaten Anzeigenteil für Partnersuche zum Inserenten durchzukommen. Post, die nach gewerblichem Angebot aussieht, wird in aller Regel von den Anzeigenabteilungen festgehalten und nicht an den durch die Chiffre geschützten privaten Inserenten weitergegeben.

Bei der Arbeit zu diesem Buch wurde versucht, einen anonym gehaltenen Fragebogen mit Fragen statistischer Art an einen nach dem Zufallsverfahren ausgesuchten Kreis von Partnerschafts-Inserenten über die Chiffre-Nummern zu versenden.

Nur ein Teil der aufgegebenen Briefe hat die Inserenten erreicht (vgl. das Kapitel »Eine Nachfrage«). Die Sperre der Zeitungsverlage funktionierte in vielen Fällen — auch der Fragebogen wurde als eine Art gewerblicher Aktion verstanden.

Ein anderer Brief ging dann über Chiffre nur an einige wenige Inserenten, deren veröffentlichte Texte vermuten ließen, daß sie genügend intellektuelle Neugier gegenüber dem Vorhaben eines solchen Buches aufbringen könnten, um zu antworten. Hier der Text dieses anderen Briefes an die Inserenten, handschriftlich in allen Fällen, unterschiedlich nur in der Anrede:

Sehr verehrte Dame/Sehr geehrter Herr,

Sie erwarten mit Recht auf Ihre Anzeige ›nur ernstgemeinte Zuschriften‹, um es in der Sprache der Heiratsanzeigen zu sagen, deren stereotype Formeln Sie jedoch in Ihrem Inserat vermieden haben. Auch diese Zuschrift, glauben Sie bitte dem Unterzeichnenden, ist ernst gemeint, jedoch dient sie nicht der Anbahnung einer persönlichen Beziehung. Meine Zuschrift verfolgt den einzigen Zweck, Sie zu einem Interview zu bitten, da ich ein Buch über Partnerschaftsanzeigen vorbereite. In diesem Interview möchte ich Sie über Ihre Motive der Insertion befragen und einige Fragen stellen, die sich bei der Arbeit an diesem Buch ergeben haben, die aber keine Antwort finden werden, wenn wir nicht bei einem ausgewählten Kreis von Inserenten die Bereitschaft zur Mitarbeit finden. Ich bitte Sie um ihr Vertrauen, daß die Diskretion bei der Veröffentlichung gewahrt wird. Gerne übersende ich Ihnen ein Exposé über das im Entstehen begriffene Buch zu Ihrer Vorinformation, wenn Sie mir antworten wollen . . .

Auf zwölf Briefe, die versandt wurden, gingen neun Antworten ein — drei davon zwar ablehnend (und übrigens anonym), jedoch mit einigen Ausführungen zum Thema, die interessante Hinweise gaben. Die sechs Damen und Herren, die Ihre Bereitschaft zu einem Interview zu erkennen gaben, erhielten Informationen über das Buch. Es kam zu Gesprächen und Interviews. Zwei davon sind hier zum Druck ausgewählt worden, selbstverständlich nach dem für Partnerschaftsanzeigen angemessenen Proporz; es antwortet also einmal ›Sie‹ und einmal ›Er‹ — anonym bleiben sie beide. Es kann gewiß nicht der Anspruch erhoben werden, diese Interviews sagten Typisches aus, wenn nicht das schließlich typisch ist, daß eher ausgefallene Anzeigentexte schlicht auch nur von Menschen geschrieben werden. Die Texte der Anzeigen, die die Interviewpartner veröffentlicht hatten, sind dem jeweiligen Frage- und Antwortspiel vorangestellt.

Der Bericht am Schluß mit dem Titel ›Der Gesellschafter‹ wurde von einer Frau beigesteuert. Es lag in der Natur der Sache, daß sie im Gespräch mit einem männlichen ›Gesellschafter‹ die bessere Reporterin sein konnte als der Verfasser.

»Vielleicht nur ein Spiel . . .«

»Bücherwurm, berufsvernarrt, Steinbock, Widerborst, Romantiker, Spinner, Quatschmacher, Liebhaber schwarzen Humors: blond, 39, weiblich, sucht Widerpart (Skiläufer, Harmoniefans, Partygänger ausgeschlossen). Zuschriften über . . .«

Sicher haben Sie viele Antwortbriefe bekommen. Wie viele waren es?

Ich weiß nicht, ob es viele waren, ich glaube, etwas über zwanzig, genau habe ich gar nicht gezählt, weil ich die ersten schon weggeworfen hatte, als der zweite Schub und die Nachlese kamen. Aber sagen wir mal, etwa fünfundzwanzig.

Warum haben Sie einige der Zuschriften gleich weggeworfen?

Weil die überhaupt nicht in Frage kamen. Mit naiven oder spießigen Briefen mag ich mich nicht beschäftigen, und was so überzogen orginell sein will wie die anderen ist eher noch schlimmer.

Ist Ihnen nicht die Idee gekommen, diesen Briefschreibern vielleicht anonym zu schreiben, daß . . .

Soll ich denen vielleicht schreiben: Sie kommen nicht in Frage, weil, oder irgend so eine Antwort, sagen wir, weil mir Ihr Briefstil nicht gefällt? Das bring' ich nicht. Außerdem, es war tatsächlich auch ein Greis von 73 Jahren dabei, der mir mitteilte, daß er schon ein Buch über Botanik veröffentlicht habe, er sei Professor. Ja, meinen Sie, dem hätte ich sagen können, Sie sind mir zu alt? Den fand ich ja fast schon wieder lieb . . .

Bis zu welchem Alter wären Sie denn gegangen?

Weiß nicht, vielleicht fünfundvierzig oder fünfzig oder so, wenn mir der Brief verraten hätte, da ist einer, der noch — na, sagen wir rundherum fit ist.

Meinen Sie damit —

Nein, nicht sexuell, wenn Sie das fragen wollten, jedenfalls nicht in erster Linie. Ich meinte mit ›fit‹, daß es ein Mann sein müßte, der noch aktiv ist, der selbst noch Perspektive hat, der sie mir auch vermitteln kann, denn ich selber bin eher pessimistisch.

Haben Sie selbst schon mal auf eine Heirats- oder Partnerschaftsanzeige geschrieben?

Nein, niemals, das könnte ich nicht. Schon bei der Anrede würde ich stolpern. Aber ich hätte auch Angst, mich gleich mit Namen und Adresse anzutragen. Wenn ich selbst inseriere, muß der andere erst kommen, ich behalte das Heft in der Hand, und wenn ich will, bleibe ich unerkannt.

Haben Sie auch Bilder bekommen, haben die Briefschreiber Fotos mitgeschickt — und haben Sie diese auch weggeworfen wie die Briefe?

Nein, die habe ich nicht weggeworfen, es waren übrigens nur etwa die Hälfte, die ein Bild mitgeschickt haben. Die habe ich dann in einen Umschlag gesteckt und anonym zurückgeschickt. War übrigens kein einziges dabei, das mich gereizt hätte. Ich glaube, die meisten Leute finden die unvorteilhaftesten Fotos von sich noch gut.

Haben Sie auf einige Briefe geantwortet, oder entsprach gar nichts Ihren Erwartungen?

Auf zwei Briefe habe ich geantwortet.

Und?

Ich habe beiden erst einen Briefwechsel vorgeschlagen. Da könne man sich doch erst mal etwas kennenlernen, und treffen könne man sich ja dann später, wenn sich ein wirkliches Interesse herausstellen sollte.

Was war an diesen Briefen, was hat Sie animiert, auf diese zu schreiben? Könnten Sie sagen, was drin stand?

Was drin stand, will ich nicht sagen. Nur soviel, einer war ziemlich frech, eher frivol, aber sehr witzig, und der andere war ganz ernst, fast ein wenig lyrisch, aber doch mit Brüchen, ein bißchen widerborstig von innen heraus, und was er von sich erzählt hat, hat mich neugierig gemacht. Soviel kann ich ja sagen, es war ein Naturwissenschaftler mit literarischem Hintergrund . . .

Und was ist daraus geworden, ging der Briefwechsel weiter?

Ja, der Witzige hielt seinen Stil nicht durch, er entpuppte sich bald als ein freundlicher Softy, aber eigentlich ganz nett.

Haben Sie ihn schon getroffen?

Ja.

Und wird es weitergehen?

Ich weiß nicht, aber ich finde diese Frage jetzt eigentlich schon zu persönlich.

Darf man denn fragen, was mit dem anderen Briefwechsel geworden ist?

Der ist jetzt zur Telefonitis ausgeartet. Er hängt jeden zweiten Tag am Telefon, und ich muß sagen, er ist ganz amüsant. Aber eigentlich wird er mir auch schon wieder lästig.

Warum? Sie wollten doch Kontakt.

Wissen Sie, neulich, nach einstündigem Telefonat, schon spät in der Nacht, sagte er, wenn er so lange mit mir telefoniere, könne wenigstens kein anderer in die Leitung.

Finden Sie das schlimm?

Eher schon, ich telefoniere nämlich leidenschaftlich gerne, aber es muß nicht immer derselbe sein, mit dem ich spreche.

Wir haben noch gar nicht über Ihre Motive, ein Inserat aufzugeben, gesprochen. Können Sie dazu etwas sagen?

Ich lebe allein, jetzt wieder sehr allein —

Waren Sie schon einmal verheiratet?

Ja, aber das ist lange her, dauerte nur kurz. Seitdem bin ich mehr oder weniger ein Single.

Ohne festen Freund, keine Beziehung?

Doch, immer mal wieder. Zweimal habe ich eine enge, längere Beziehung gehabt, aber es ging beidemal nicht gut aus.

Würden Sie sagen, Sie haben Bindungsangst?

Vielleicht so ähnlich. Ich hänge an meinem Beruf, daran scheitert es meist. Die meisten Männer wollen einen vereinnahmen, aber ich möchte meine eigenen Sicherheiten nicht verlieren, und die bietet mir nur mein Beruf. Das ist das Eckchen, auf das ich immer wieder retirieren kann, da habe ich die Gewißheiten, die ich halt brauche, die ich aber woanders nicht finde.

Glauben Sie, daß es sinnvoll ist, einen Partner über ein Inserat zu suchen?

Eigentlich gar nicht.

Warum haben Sie das Inserat doch aufgegeben?

Ach, wissen Sie, vielleicht als Spiel, ja, warum nicht als Spiel. Ich spiele nun mal gerne. Einfach mit Möglichkeiten. Und warum nicht auch einmal mit diesen! Ich muß zugeben, daß ich oft Heiratsanzeigen lese, es gibt eine Wochenendzeitung, die besonders interessante bietet, das ist eine amüsante Lektüre.

Denken Sie nicht bei diesen interessanten Anzeigen mal daran, selbst einmal einen Brief zu schreiben?

Ich sagte schon, niemals. Diese Anzeigen sind für mich einfach Lesestoff.

Und Ihre jetzige Eigenanzeige, ist die wirklich nur Spiel, ist das nicht auch ein wenig ernst gemeint?

Spiel ist immer auch ernst, klar, und manchmal denke ich wirklich, ich könnte jetzt einen Mann für Dauer finden, alt genug wäre ich dazu ja, und genug kennengelernt habe ich auch. Aber vorstellen kann ich es mir endgültig doch nicht, daß ich heirate.

Könnten Sie sich vorstellen, daß Sie noch einmal inserieren?

Ich glaube nicht, jetzt weiß ich ja ungefähr, was dabei herauskommt. So viele Chancen bringt der Zufall im täglichen Leben auch.

Aber wenn Sie noch einmal inserieren würden, würden Sie den gleichen, sehr orginell wirkenden Text noch einmal verwenden?

Ich glaube nicht. Ich glaube, man sagt da doch zuviel von sich, man weckt Erwartungen, und vielleicht enttäuscht man dann, wenn man ihnen doch nicht entspricht. Und außerdem habe ich das Gefühl, daß die meisten Briefschreiber die gleichen Probleme hatten wie ich selbst. Mein Text hat offensichtlich nicht den Widerpart angesprochen, den ich suchte, den Gegensatz, den ich und der mich anziehend finden könnte. Das funktioniert wohl nicht über die Zeitungsanzeige. Da müßte man eher sagen: Gleich und Gleich schreibt sich gern.

Würden Sie dann also mit den üblichen Sprachfloskeln der Heiratsanzeigen inserieren?

Das wohl auch nicht. Jetzt würde ich einfach schreiben, zum Beispiel so: Bibliothekarin, 39, manchmal etwas schwierig, aber nicht humorlos, sucht —

Meinen Sie, damit sei genug über Sie ausgesagt?

Ich weiß es wirklich nicht. Aber vielleicht hätte auch einer Lust, erst zu entdecken, wie ich wirklich bin.

»Zielgruppen«-Ansprache

> »Schwierige Situation: Zweimal ist es schon schiefgegangen, trotzdem, bin nicht unausstehlich, eher umgänglich für eine Frau, die gescheit genug ist, zu reflektieren. Bin 56, leitende Position in der Wirtschaft. Zuschriften unter . . .«

Es ist wohl anzunehmen, daß ›zweimal schon schiefgegangen‹ bedeutet: zweimal geschieden?

Ja.

Warum haben Sie diese Tatsache, die sonst kaum als Aufhänger in einer Anzeige verwendet wird — man findet da heute, wenn überhaupt, Formulierungen wie ›eheerfahren‹ —, gleich vorneweg gesetzt?

Weil ich denke, Klarheit sei das beste.

Und Sie haben keine Bedenken, daß das die Chancen Ihrer Anzeige mindert?

Nein.

Aber Sie werden dadurch doch sicher einige Zuschriften weniger erhalten haben?

Ich glaube, da irren Sie sich. Erstens will ich keine Zuschriften, die sich von der Tatsache, daß ich ein zweimal geschiedener Mann bin, abhalten lassen — ich verliere also nichts als nur eine unbestimmte Anzahl von Zuschriften, die ich mehr erhalten hätte, wenn ich nicht so offen gewesen wäre. Aber genau diese wollte ich ja gar nicht haben. Es wäre die falsche Zielgruppe gewesen, sozusagen. Zweitens, ich habe tatsächlich, wie ich meine, zahlreiche Zuschriften erhalten, eigentlich mehr als genug.

Wie viele haben Sie bekommen?

Über sechzig.

Das ist ja erstaunlich, auch wenn man ins Kalkül zieht, daß Sie just zu jenen Männer-Jahrgängen gehören, die nach der Statistik außerordentliche Chancen haben — bei Frauen Ihres Alters ist das anders. Aber worauf führen Sie selbst zurück, daß Sie so viele Zuschriften bekommen haben?

Auf die Transparenz des Angebots.

Sie haben wohl auch sonst in Ihrem Unternehmen mit Anzeigen, mit Werbung zu tun, anders —

Kann man wohl sagen.

— anders wäre es wohl nicht zu verstehen, daß Sie von ›Zielgruppe‹ sprechen, das heißt, Sie haben sie zunächst ja nur negativ definiert, Sie haben gesagt, welche Zuschriften Sie nicht haben wollten. Können Sie positiv sagen, welche Zielgruppe Sie im Auge hatten?

Ich glaube schon. Meine Zielgruppe ist jene Gruppe von Frauen, unter denen der Typ, der mir vorschwebt, am meisten vertreten ist. Ich meine eine Frau, die gesellschaftlich etwa aus meinen Kreisen kommt, das erleichtert manches, ich sage das aus Erfahrung. Und ich meine eine Frau, die akzeptiert, daß ich auch bisher schon ein Leben hatte, und zwar eines mit Höhen und Tiefen. Und ich meine eine Frau, die meine Sprache versteht und die auch mal zwischen den Sätzen hören kann. Und schließlich meine ich eine gescheite Frau, die weiß, daß ihr Verstand willkommen ist, ja Voraussetzung. Und endlich meine ich eine Frau, die weiß, daß ein Mann in meiner Position von Natur aus alles andere als ein Händchenhalter ist, wenn er bestehen will. Das alles, meine ich, habe ich in meiner Anzeige entweder direkt angesprochen oder durch Auslassungen ausgedrückt.

Haben Sie früher schon einmal eine Heiratsanzeige aufgegeben oder vielleicht auch auf eine Heiratsanzeige geschrieben?

Das letztere verbietet sich für mich von selbst, ich hielte es mit meiner Stellung nicht für vereinbar. Aber ich habe auch noch keine Anzeige selbst aufgegeben. Es ist das erste Mal.

In einer ganzen Reihe von Gesprächen, die wir jetzt geführt haben, wurde immer wieder behauptet, sowohl von Männern als auch von Frauen, daß man nicht auf Anzeigen geschrieben habe. Worauf führen Sie das zurück, wenn doch andererseits wieder berichtet wird, man habe so viele Zuschriften bekommen?

Was mich betrifft, müssen Sie es mir schlicht glauben. In anderen Fällen können Sie ja gerne die Psychologie mit einbeziehen. Man gibt das wohl nicht gerne zu. Vielleicht ist es das. Aber, wie gesagt, nicht mein Problem.

Wie kommt ein Mann in Ihrer Position, der doch sicherlich auch regen gesellschaftlichen Umgang hat und damit viele Gelegenheiten, eine Partnerin kennenzulernen, dazu —

— eine Heiratsanzeige aufzugeben, meinen Sie? Nun, ich will es Ihnen erklären. Meine erste Frau war meine Jugendfreundin, die habe ich sozusagen immer schon gekannt, und sie mich. Da war eine Bemühung, sich kennenzulernen, gar nicht nötig. Meine zweite Frau kannte mich und meine Verhältnisse schon bevor wir uns näherkamen so gut, daß immerhin nicht auszuschließen war, sie habe sich davon beeindrucken lassen. Oder anders ausgedrückt, meine Stellung und mein Vermögen zusammen waren vielleicht doch so faszinierend für sie, daß ihre Anstrengungen mit mir — nun, ja, Sie verstehen, was ich meine. Und jetzt habe ich in der Tat recht wenig Gelegenheit, jemand wirklich persönlich kennenzulernen, trotz regen gesellschaftlichen Verkehrs, oder gerade deswegen, weil das alles vom Terminkalender diktiert wird, letztendlich. Und eben ein wichtiger Punkt ist, wie ich schon sagte, ich möchte zwar eine Frau kennenlernen, die etwa aus meiner Gesellschaftsschicht kommt, aber sie sollte wiederum nicht genau aus dem engeren Kreis kommen, in dem ich mich ständig bewege. Das soll heißen, für das Kennenlernen und das Sichnäherkommen wäre ich unbefangener, wenn die Dame nicht schon vorher genau über mein Bankkonto informiert wäre.

Muß Ihre zukünftige Frau vermögend sein?

Nein, aber Sie muß mit Geld und Besitz umgehen können, und sie darf sich davon nicht mehr als unbedingt nötig beeindrucken lassen. Das lernt man entweder von Kindesbeinen an oder gar nicht mehr. Ausnahmen bestätigen die Regel.

Wenn Sie wieder heiraten, denken Sie, daß Liebe im Spiel sein muß?

Liebe? Ach, wissen Sie, so genau kann ich heute nicht mehr sagen, was das wohl ist. Als ich jung war, war ich mir sicherer. Aber Zuneigung sollte schon entstehen, Verständnis, Toleranz füreinander — und so weiter.

Erwarten Sie von Ihrer Partnerin, daß Sie auch erotische Ausstrahlung hat?

Aber ja, doch, auch.

In irgendeiner psychologischen Abhandlung habe ich einmal gelesen, der starken Persönlichkeit komme es entweder auf Macht oder auf Liebe an. Würden Sie von sich sagen können, um was es Ihnen in Ihrem Leben mehr zu tun war, um —

Ach, wissen Sie, diese psychologische Hypothese halte ich für sehr fragwürdig. Aber wenn ich mich auf eine Antwort, und nur auf eine festlegen müßte, dann wäre die Antwort: Macht.

Wie alt könnte Ihre Wunschpartnerin sein?

Sagen wir Ende der Dreißiger bis Mitte, Ende der Vierziger.

Könnte es eine emanzipierte Frau sein?

Eine selbstbewußte Frau ist immer emanzipiert. Eine ausgesprochene Emanze, so heißt das wohl heute, möchte ich allerdings nicht, denn das ist eine Frau, die erst auf dem Weg ist, sich zu emanzipieren. Und bis sie wirklich emanzipiert ist, so lange muß sie sich eben den Emanzenmantel umhängen.

Haben Sie schon einige der Damen, die Ihnen geschrieben haben, getroffen?

Nein, ich habe die interessantesten Zuschriften brieflich beantwortet und dabei einige Fragen gestellt. Es muß alles klar überlegt sein. Drei, vier Damen schrieben so zurück, daß ich mich mit ihnen in der nächsten Zeit zum Theater oder zum Essen verabreden werde. Und dann, ja, dann wird man sehen.

Wenn nun keine der Damen Ihren Erwartungen entspricht oder, auch das kann ja passieren, wenn Sie den Damen nicht gefallen, werden Sie weiter inserieren?

Darüber habe ich noch nicht nachgedacht. Wer weiß.

Eine letzte Frage: Was hat Sie letzten Endes bewogen, sich zu diesem Interview zur Verfügung zu stellen — bei Ihrem vollen Terminkalender ja nicht so selbstverständlich?

Neugier. Schlichte Neugier. Ich habe in meiner Tätigkeit noch nie persönlich mit einem Menschen zu tun gehabt, der ein Buch schreibt, noch dazu eines über ein Thema, das mir ganz absurd für ein Buch vorgekommen wäre, bevor ich selbst eine Heiratsanzeige aufgegeben hatte.

Der Gesellschafter
Ein Bericht von Stella Baum

Unter ›Vermischtes‹ inserieren im Anzeigenteil meiner Zeitung Herren, die sich Damen für einige glückliche Stunden anbieten. Der eine schreibt: »Großer Junge, 40, sehr verschwiegen . . .« Der will aber, daß man sich schriftlich meldet. Dazu bin ich zu ungeduldig. Ich rufe den anderen an: »Gesellschafter, aufgeschl., gepfl., Telefon . . .« Eine wohlklingend-beruhigende Stimme sagt: »Halloh?«

Ich erkläre, daß ich keine glückliche Stunde mit ihm verbringen möchte, sondern eine eher informative. Das findet er ausgezeichnet, denn hier in der Bundesrepublik herrschten ja geradezu hinterwäldlerische Zustände, was die Liebe für die Frauen anbelangt. Er, so fährt er ganz naiv fort, habe länger in Südamerika gelebt, »da ist alles anders, besser«. Welcher Deutsche fände nicht im Ausland alles besser, denke ich. Ohne den geringsten Argwohn plaudert er munter fort. Er preist seine glücklichen Kontakte zu glücklichen Frauen und sagt, wie schön es mit ihm sei. Und wie gemein die seien, die ihn hochnähmen, sich verabredeten und einfach nicht kämen. Und die vielen Homos, die ihn anriefen, gingen ihm auf den Geist mit ihrem Geschwätz. Nein, nicht alle, aber doch die meisten.

Als ich, wie verabredet, in einem weißen Auto den Bahnhof in seinem Ort ansteuere, durchfährt mich ein heißer Schreck, den ich vernünftigerweise schon eher hätte haben müssen. Ich sehe nur noch finstere Gestalten. Und plötzlich bekomme ich es mit der Angst zu tun, daß mein Gesellschafter einer von denen sein könnte. Aber keiner nähert sich. Zehn Minuten später, ich will gerade abfahren, kommt ein molliger Typ mit etwas federndem Gang zielsicher auf mich zu. Lederjacke, goldenes Kettchen, blondes Lippenbärtchen, sanftes Lächeln. Offensichtlich hat er mich erst einmal beobachtet. Er bestellt alle Frauen zum Bahnhof. Wenn er unsicher ist, ob er sie mag oder ob sie von Zuhältern vorgeschoben sind, verdrückt er sich ungesehen. — Sein Zuspätkommen entschuldigt er mit einem »Bierchen«, das er gerade noch ausgetrunken habe. Er setzt sich zu mir ins Auto. Dieses Bierchen und ein aufdringlicher Duftstoff streiten sich um die Vorherrschaft in seinen Ausdünstungen, und sie bleiben auch dann noch hartnäckig im Auto hängen, als mein Gesellschafter schon wieder verschwunden ist. Er stellt sich dar als der Sonnyboy, der das Füllhorn des Glücks über den Frauen leert. Sein Vater war so aggressiv, sagt er, »schlug alle immer«, er will daher nur Milde und Freude verbreiten.

Er ist Computerfachmann, Ingenieur, die Kontaktanzeigen gibt er seit etwa einem Jahr auf. Überrascht ist er, was für nette Frauen kommen. Alle aus »gehobenem Milieu«. Darauf ist er stolz. Sie kommen ausnahmslos aus gutgehenden Ehen, haben Kinder, manche leben in Verhältnissen, die er ihnen niemals bieten könnte. Er hat sogar zwei Stammkundinnen, sagt er. Die trifft er unregelmäßig. Das Problem sind die Ehemänner. Er wird auch bereits empfohlen. Eine Frau sagt zur anderen etwa: »Bei dir is' es doch auch nicht so im Lot, willst du auch mal mit'm Mann schlafen? Is' doch normal. Hier hab' ich eine Adresse für dich.«

»Die Frauen sind von mir begeistert«, bekennt er in bescheidenem Wohlgefallen an sich selbst. Die sagen: »Du, du hast das doch nicht nötig!« Am Anfang sind alle schüchtern. Nachdem sie den mutigen Schritt ins unbekannte Abenteuer gewagt haben, überlassen sie ihm die Gestaltung der Details. Wie die Männer im Bordell erklären, daß ihre Frauen sie vernachlässigen, so tun dies hier die Damen. Sie beschweren sich alle über den Gatten. Und da sind sie bei meinem Gesellschafter genau an den Rechten geraten, er sorgt für Abhilfe. Ich bin für ihn ein gefundenes Fressen. Endlich kann er sich einmal ins rechte Licht rücken. Er plaudert unentwegt. Was wäre denn, wenn er sich in eine Frau verlieben würde? Seine Antwort läßt mich zusammenschrecken, denn nun fällt ein böses Wort, das in sein Repertoire nicht recht passen will. Er sagt: «Da würde ich zuschlagen.« Und nach einer kleinen Pause: »Die würde ich vielleicht heiraten, aber dann wäre ich ja weg vom Fenster. Gottlob, bisher hat alles gut geklappt.«

Was er von Häusern, analog zu Bordellen, hielte, in denen Frauen bedient würden, frage ich. Die findet er »lobenswert«. Aber er setzt gleich hinzu, daß das für ihn »nix« wäre, denn »ich kann ja nicht mit jeder Frau schlafen, nicht mal für tausend Mark, da müßte ich sagen: tut mir leid!« Sanft schlägt er die Augen auf.

Er nimmt kein Geld, sagt er, nicht mal ein Geschenk. Da könnte die Polizei kommen, und er müßte dann ein Gewerbe anmelden. Und zum anderen hat er Angst vor den Zuhältern, die durch seine Anzeigen natürlich mobil geworden sind. Von denen fürchtet er, daß sie aus ihm »Kleinholz« machen könnten. Aus Köln hat er andererseits ein Angebot, ob er eine Gruppe Frauen als Zuhälter betreuen wolle.

Obwohl er so naiv tut, weiß er doch genau Bescheid. Beispielsweise erzählt er, daß eine Frau gerne andere Gesellschafter kennenlernen wollte. Die hat er, um sie zu kurieren, in einen Hinterhof in Elberfeld gefahren, wo das Licht in allen Stuben ausgemacht wurde, als sein Auto in den Hof fuhr. Woher kennt er den? Also, ganz ohne ist mein gemütvoller Teddybär wohl nicht.

Was will er überhaupt? Geld nicht, im Gegenteil. Wenn ich es recht sehe, so hält er sich für den Preis einer kleinen Anzeige einen ambulanten Harem. Wie oft erscheint seine Annonce? Alle sechs Wochen etwa. »Und«, fügt er hinzu, »wenn ich es mal drauf habe, auch mal alle vierzehn Tage.« Neugierig blicke ich ihn an. Gemessen an den Bedürfnissen meines Gesellschafters müßte Luther mit seinen Vorschlägen zum ehelichen Sexualleben als Wüstling eingestuft werden, als Erotomane.